摩托车及全地形车
整车振动控制研究

余 烽◎著

重庆大学出版社

内容提要

本书共 8 章,详细地阐述了摩托车振动及控制相关的基础知识,开发了摩托车及全地形车振动评价测试系统,分析了多款摩托车及全地形车车体结构动态特性并提出了改进方案,对发动机与摩托车及全地形车的匹配进行了优化,并从多体动力学角度出发,对摩托车及全地形车的整车振动控制进行了探索和研究。

本书面向从事摩托车、汽车振动及控制研究的专业人士,也可供从事机械振动评价及控制技术的工程技术人员参考。

图书在版编目(CIP)数据

摩托车及全地形车整车振动控制研究/余烽著. --重庆:重庆大学出版社,2020.1
ISBN 978-7-5689-1755-1

Ⅰ.①摩… Ⅱ.①余… Ⅲ.①摩托车—振动控制—研究 Ⅳ.①U483

中国版本图书馆 CIP 数据核字(2019)第 181956 号

摩托车及全地形车整车振动控制研究

余 烽 著
策划编辑:曾显跃

责任编辑:姜 凤 版式设计:曾显跃
责任校对:刘志刚 责任印制:张 策

*

重庆大学出版社出版发行
出版人:饶帮华
社址:重庆市沙坪坝区大学城西路 21 号
邮编:401331
电话:(023) 88617190 88617185(中小学)
传真:(023) 88617186 88617166
网址:http://www.cqup.com.cn
邮箱:fxk@ cqup.com.cn(营销中心)
全国新华书店经销
重庆市国丰印务有限责任公司印刷

*

开本:787mm×1092mm 1/16 印张:9.25 字数:205千
2020 年 1 月第 1 版 2020 年 1 月第 1 次印刷
ISBN 978-7-5689-1755-1 定价:88.00 元

前　言

全地形车又称为"四轮摩托车"，是近几年兴起的集休闲、竞技、娱乐为一体的实用型车辆，且其军用潜力非常巨大。

随着人们生活水平的提高，对摩托车及全地形车的使用性能要求也越来越高。同时，全地形车的性能也直接关系到军用用途。

我国对摩托车及全地形车整车振动控制研究比较落后，尚无适合摩托车及全地形车整车振动的评价方法，更无相关整车振动测试的试验标准。

本书是一本全面介绍摩托车及全地形车整车振动控制研究的专业著作。针对摩托车及全地形车振动及其控制展开系统研究，具体包括以下几个方面：

①深入分析了 ISO 2631 等相关振动标准，结合摩托车及全地形车自身振动特性，提出了基于时域法和频域法的摩托车和全地形车整车振动评价方法。以手把、坐垫及脚踏处加权振级来评价驾驶员所受的振动，以货架处的振级评价货架或平台处的振动。在此基础上，搭建了硬件测试系统，基于 IMC FAMOS 平台开发了软件分析系统。并以两款全地形车为例，进行实车振动舒适性测试及分析。分析结果表明，时域法和频域法的结果相差很小，都可准确评价摩托车及全地形车的振动。但由于时域法思路清晰，计算速度快，推荐使用时域法进行评价。

②分别针对摩托车及全地形车，采用解析法和实验法分析了其车架结构动态特性，两者结果表明所建立的车架有限元模型正确。在对车架挂发动机动态特性分析时，以有限元分析的基本原理为基础，找出了影响解析法分析结果的参数。结合简化模拟仿真分析，提出将发动机简化为相同质心、质量及转动惯量的长方体，进而建立车架挂发动机有限元模型。试验法和解析法的结果对比表明，所提出的发动机简化方法可行，可在产品设计和改型阶段就能了解车架挂发动机结构的动态特性。以摩托车和全地形车为例，从车架及车架挂发动机的结构动态特性的改进角度出发，分别对其车架的结构进行改进，改进后的分析结果表明，所提出的改进措施均可行且易实施。

③从发动机对全地形车振动影响及匹配的角度出发，分析了车架挂发动机后发动机对车架的动态特性影响。结果表明，车架挂发动机后，后三阶自由频率和振型发生了变

化,但关心的前三阶频率均有所提高。发动机位置左、右、前、后平动对车架挂发动机动态特性影响分析结果表明,进口的全地形标杆车发动机平动位置较为合理,后续优化工作需要考虑转动位置。

④采用形状优化方法,以发动机安装位置和俯仰角度为变量对车架挂发动机的动态特性进行优化。优化结果表明,在保障其他几阶频率变化较小的情况下,优化后车架挂发动机的一阶模态频率有大幅提高,有利于整车振动的控制。

⑤以全地形车为例,建立了悬置系统刚体动力学建模,分析了其悬置系统固有频率及各个方向能量解耦情况。以各阶模态能量百分比占优的方向上的能量解耦率最大为目标函数,4个悬置件的三向刚度为优化变量,采用模拟退火算法对悬置系统进行了能量解耦优化。结果表明,优化效果不是非常明显,说明进口的全地形标杆车悬置系统设计较为合理。

⑥运用多体动力学软件 ADAMS 建立了包含柔性车架、前后悬架、转向系统、轮胎和人体的摩托车及全地形车刚柔耦合多体动力学模型。采用谐波叠加法生成了 ADAMS/View 格式的 B 级随机路面谱文件,并在 ADAMS 中施加了发动机激振力和激振力矩,从动力学仿真的角度分析了摩托车及全地形车整车振动,为后续控制策略研究提供基础。

⑦悬架是控制整车振动的关键部件之一。以某款全地形车为例,利用 MATLAB/Simulink 建立了包含天棚阻尼控制、模糊控制和模糊 PID 控制的悬架控制联合仿真系统模型。并在此基础上,分析了 3 种悬架控制策略效果。结果表明,模糊 PID 控制效果最佳,而且稳定性好,具有较强的鲁棒性。

由于作者水平有限,书中不妥之处在所难免,恳请读者批评指正。

编　者
2019 年 8 月

目　录

第 **1** 章

绪 论

1.1 研究目的与意义

改革开放后,摩托车行业在我国得到了跳跃式的发展,目前摩托车年产量居全球第一位。摩托车已成为日常的代步工具,而摩托车及相关产业已成为国民经济的一个重要组成部分。

全地形车(又称"四轮摩托车"),英文全称为"All Terrain Vehicle",是近几年兴起的集休闲、竞技、娱乐为一体的实用型车辆。同时,由于全地形车可以行驶在情况恶劣的各种路面上,因此军用潜力非常巨大,且部分发达国家已经为特种部队配备了用于侦探、移动攻击等为目的的全地形车。

在我国,摩托车及全地形车行业得到了快速发展,但行业的整体研发水平相对落后。国外的文献主要涉及摩托车及全地形车驾驶安全和控制方面的研究,国内的研究文献则较少。

目前,国产的摩托车及全地形车多数属于低端产品,技术含量低,在开发过程中,没有进行充分的研究分析计算和校验考核,许多车型是"克隆"或在不改变车架和发动机等核心技术的"整容"。其技术水平的落后,使得产品竞争力低、利润低,许多摩托车及全地形车企业因此而步入困境。而在军用方面,有部分部队配备了常规应用的全地形车,如救援车等。而特殊用途的全地形车则处于研发阶段,如空投车、全地形移动武器等。

摩托车及全地形车的整车振动是其重要的性能之一,也是其核心技术之一。综合国内外对摩托车及全地形车的研究现状可知,我国对摩托车及全地形车的整车振动控制研究比较落后,尚无适合摩托车及全地形车整车振动的评价方法,更无相关整车振动的实车试验标准。因此,在全地形车振动评价方面,国内还处于起步阶段。

在影响摩托车及全地形车整车振动相关部件的研究方面,国内外做了部分工作,如在摩托车及全地形车的车架动态特性分析、摩托车及全地形车振动舒适性仿真等方面。不过,没有较为系统且全面地对影响摩托车及全地形车整车振动相关部件及其特性进行研究。

随着人们生活水平的提高,对摩托车及全地形车的使用性能要求也越来越高。同时,摩托车及全地形车的性能也直接关系到军用用途。而摩托车及全地形车的整车振动状况是其重要的性能指标,直接影响其品质。

目前,国产摩托车及全地形车的整车振动状况和国外产品有较大差距,其振动水平远低于国外产品。因此,全面研究摩托车及全地形车的整车振动问题,不仅具有理论意义,也具有实用价值。

1.2 国内外研究现状

1.2.1 车辆振动评价方法研究现状

对车辆振动评价研究最重要的方面是机械振动对人体的影响,主要包括全身振动和手传振动。自20世纪30年代以来,国内外学者在这方面做了大量的研究工作,但是很难得到非常一致的结论。

专家们普遍认为人体对机械振动的反应非常复杂,与振动的强度、频率、方向和持续时间有关,且存在很大的个体差异,还与人的身体、心理因素有关。

虽然车辆的振动评价最终依赖人的主观评价,但是主观评价复杂、差异大,不利于工程实用,因此,人们致力于寻找合理的客观评价方法。尽管存在许多争议,目前在评价全身振动方面有以下几种体系:

①ISO 2631—1974/1985、ISO 2631—1974 是最早的振动评价标准,用 1/3 倍频带加速度均方根值给出了振动频率在 1~80 Hz 范围内,人体对振动响应的暴露极限、疲劳-工效降低极限和舒适降低极限。但它规定的频率范围不够宽,而且时间界限被认为不合理。

②BS 6841—1987,该标准较好地反映了 20 世纪 80 年代以前的研究成果,有别于 ISO 2631—1974/1985,它将频率范围扩展至 0.5~80 Hz,考虑了人体 12 个轴向的振动分量,并对各轴向加权系数,以总的振动剂量值(VDV)来评价振动。

③ISO 2631—1997,此标准与 ISO 2631—1985 有很大区别,它介于 ISO 2631—1985 和 BS 6841—1987 两个标准之间,类似于后者,它也考虑了人体 12 个轴向的振动分量,同

时考虑了不同轴向振动和不同频率振动有不同的敏感程度，但是频率加权系数与 BS 6841 有差别，且频率范围扩展至 0.5~400 Hz。它采用加权加速度均方根值作为评价指标，以 VDV、MTVV 为辅助评价指标。该标准得到了广泛应用，许多国家据此制定了自己的国家标准。

④吸收功率法，1968 年 Lee R.A. 和 Pradko F. 提出了人体对振动的响应与人体所吸收的能量有关，以人体与振动系统接触部位的力和速度信号来计算吸收功率，以人体吸收的能量来评价振动。研究表明吸收功率与加速度均方根值有关，可用类似频率加权系数的方法表述，简化了其测量方法。该评价方法被美国、北约军方所采用。

除上述几种评价方法外，还有 Dynamic Response Index（DRI）加权法、Vibration Greatness（VG）方法、Janeway 界限法等，学术界对各种评价方法的争论不一，集中点在于评价指标的合理性、加权系数的合理性等。但是各种研究都是以人的主观评价为依据，因此必然存在差异性。

也有部分学者对各种评价方法进行对比研究。Griffin 等人详细分析了 ISO 2631—1985、ISO 2631—1997、BS 6841—1987 等标准各自的特点，提出以总的振动剂量值（VDV）来评价人体振动比较合理。同时，指出 BS 6841 表述清楚、逻辑合理，推荐使用 BS 6841 来评价人体振动。Els 等人认为 ISO 2631、BS 6841、吸收功率法都可以用来评价人体振动，其区别在于各个标准的界限不一样。

Mansfield 和 Griffin 等人深入分析了吸收功率法和 BS 6841 之间的差异，分析结果表明从吸收功率法中提取出来的频率加权系数和 BS 6841 的频率加权系数差别较大，认为吸收功率法不适合评价人体振动。

Mansfield 等人对比分析了 ISO 2631、BS 6841、吸收功率法及 DRI 法的特点，分析结论表明吸收功率法更能反映人体感觉，而总的振动剂量值（VDV）方法最适合用来评价人体振动。他还指出 BS 6841 和 ISO 2631 的频率加权系数相差不大，因此，认为评价指标比频率加权系数重要。

Setsuo Maeda 等人从医学角度出发，提出可以通过测量人体接触部位的压力大小来评价人体振动的舒适性。

Griefahn 等人从可靠性的角度出发，对 ISO 2631 进行了验证分析，认为 ISO 2631 低估了水平振动。M. J. Griffin 等人还分析了人体对振动的感知界限及人体感受到的振动差异值。

随着对人体振动评价研究的深入，学者们发现频率加权系数是受振动的幅值、种类以及人体的姿势、体重等多种因素的影响，因此频率加权系数是一个非线性的量。R. Lundstrom 和 P. Holmlund 等人对吸收功率法的研究也揭示了类似的规律。因此，人体振动评价的研究趋势是寻找更为合理的频率加权系数。

到目前为止，在对汽车平顺性进行分析时，国外倾向于依据 ISO 2631、BS 6841、吸收功率法，而国内则多采用 ISO 2631 标准和吸收功率法。

国内对人体振动评价的研究主要体现在应用方面,如汽车平顺性研究。陈荫三等人参照 ISO 2631/1—1985(E)对卧铺客车振动进行了评价,得到了卧姿人体承受全身振动舒适性振动感觉等值线的基本走向。马广发等人利用 ISO 2631 评价汽车平顺性,并指出 ISO 2631 标准是一种较好的客观评价方法,且有必要使用多个评价指标。卢士富深入分析了 ISO 2631 标准,并指出其中存在的问题及修正办法。赵六奇等人参照 ISO 2631—1997 的新草案对汽车平顺性评价进行了修正。高树新等人参照 ISO 2631 评价汽车中脉冲振动对人体的影响,提出了脉冲输入下汽车平顺性评价指标的限值,并以东风 EQ2102C 型军用越野汽车为例,说明了脉冲输入下汽车行驶平顺性的评价过程。郑郧、杜子学等人考虑了汽车振动随车速、路况等多种因素的影响,提出汽车综合振动舒适度的概念,但是其中的加权系数多以经验确定,缺乏严谨的依据。王秉刚等人利用 ISO 2631 和吸收功率法对汽车平顺性进行评价,并指出加权均方根值和均方根值与感觉评价结果不吻合,甚至是矛盾的。刘建中、张洪欣、王秉刚等人对汽车平顺性主观评价方面进行了研究,并将主观评价值和客观评价值进行联系及对比分析。

另外,国内的相关标准也基本是依据国外的相关标准制定的。如《汽车平顺性随机输入行驶试验方法》(GB 4970—1985)是基于 ISO 2631 和吸收功率法这两种方法建立的;《汽车平顺性脉冲输入行驶试验方法》(GB 5902—1986)是依据 ISO 2631 建立的;《汽车平顺性随机输入行驶试验方法》(GB 4970—1996)、《客车平顺性评价指标及限值》(QC 474—1999)是基于 ISO 2631 制定的。

手传振动方面,摩托车及全地形车手传振动比汽车更为明显、影响更大。目前,手传振动的评价方法有两种:

①ISO 5349—1986/2001,该评价标准类似于 ISO 2631,认为人体对不同频率振动的敏感程度不同,在 6.3~1 000 Hz 范围中各 1/3 倍频带内规定了加权系数,以加权加速均方根值作为评价指标,1987 标准以单向最大加速度来评价,2001 标准以三轴向合成加速度来评价。

②吸收功率法,手传振动的吸收功率法研究较多,但各种研究表明从手传振动吸收功率分析出来的频率加权系数和 ISO 5349 的频率加权系数较接近。

Dong 等人提出了手指吸收功率、手掌吸收功率、手吸收功率的概念,结果发现这些指标与白手指病之间没有很好的相关性。

目前,国外对手传振动的研究也逐渐发现姿势、振动大小、振动种类等因素对频率加权系数的影响。手传振动的评价主要以 ISO 5349—2001 为依据,我国国标《人体手传振动的测量与评价方法》(GB/T 14790—1993)参照的是 ISO 5349—1986,这个标准已在电锯、手扶拖拉机等手操纵机械行业得到了广泛应用。

国内最新的手传振动评价标准为《工作场所物理因素测量第 9 部分手传振动》(GBZ/T 189.9—2007),其评价方法和原来的《人体手传振动的测量与评价方法》(GB/T 114790—1993)、《作业场所局部振动卫生标准》(GB 10434—1989)和《手传振动测量规范》(GB 11523—1989)一致,并无区别。这些标准都沿用了 ISO 5349—1986,以最大轴向振动为指标,但没有给出日受振量、振动病发病前的年限和发病率之间的关系。

GBZ/T 189.9—2007 和 GB 10434—1989 规定使用振动工具或工件的作业、工具手柄或工件的 4 h 等能量计权振动加速度不得超过 5 m/s²,若按 ISO 5349—1986 来推算,相当于 6 年内振动病发病率不超过 10%。

针对手扶拖拉机的振动,江苏工学院、洛阳拖拉机研究所在 20 世纪 90 年代开展了研究,制定了国家标准,还制定了手扶拖拉机振动的指标,成为行业标准,但都是基于 ISO 5349—1986。

部分手持式工具也制定了相应的国家标准,如油锯、割灌机等国家标准已指出应计算三轴向振动的合成值,但依据的是 ISO 5349—1986。2004 年颁布的《手持便携式动力工具-手柄振动测量方法》等同于 ISO 8662—1988,引用的仍是 ISO 5349—1986 的内容。

ISO 5349—2001 已经颁布 18 年了,我国国家标准仍是依据 1986 年的标准,在内容和体系上已不合适。国外厂商已要求依据 ISO 5349—2001 测量评价手持工具振动,并对外公布。手传振动已成为手持工具的一个重要性能,但在国内还没有引起足够的重视。

以上的全身振动及手传振动评价方法均是测量一些与振动相关的物理量进行相关计算获得的评价值,属客观评价方法。但是机械振动的评价最终还是取决于人的主观感觉,即主观评价法。因此,客观评价方法还需要和人的主观感觉联系起来。

1.2.2 车辆振动控制研究现状

(1)关键部件动态特性研究现状

在车辆产品的开发、设计及分析过程中,传统方法就是车辆的各个部件进行静强度校核的静态设计。这样就将本属动态性质的问题简化为静态问题来处理,可靠性及精度很难达到要求。

实际上,车辆在行驶过程中受到来自发动机及路面的各种激励,是一种复杂的动态工况。因此,应进行动态分析,分析其动态特性。传统的静态设计法正在向现代动态的解析设计方法过渡,即把产品的开发设计和分析过程完全计算机化和动态化,已在技术发达行业得到了应用。

模态分析是现代结构动力学的基础,即将线性定常系统振动微分方程组中的物理坐标转化为模态坐标,使方程组解耦成为一组由模态坐标及模态参数描述的独立方程,从而为结构动力学分析提供基础。模态分析可通过解析法和实验法实现。

解析法模态分析需通过计算机采用有限元法来实现。有限元法最早在 1943 年提出,基本思想是:将连续的弹性体划分成有限多个彼此只在有限多个点相联接的、有限大小的单元组合体来研究,即把一个连续体的力学问题变成一个有限自由度的力学问题,是一种有效的数值计算方法。

1966 年,美国国家航空航天局(National Aeronautics and Space Administration, NASA)

为了满足当时航空航天工业对结构分析的迫切需求,主持开发大型应用有限元程序的招标,即著名的 NASTRAN(NAsa STRuctural Analysis)软件,也是最早的大型有限元分析程序。

经过几十年的发展,随着计算机技术的进步、有限元方法的完善,目前出现了许多功能强大的结构分析通用有限元程序,如 MSC.NASTRAN、ANSYS、IDEAS、ADINA、ALGOR、SAP、ABAQUS 等。

随着计算机图形学的发展,CAD 软件目前已得到广泛应用,常用的三维软件有 Unigraphics、CATIA、Pro/ENGINEER 等。为衔接几何模型和有限元分析,出现了一些有限元前后处理软件,将分析人员从烦琐的计算数据准备工作中解放出来,如 MSC.PATRAN、HYPERMESH、ANSA 等。

解析法模态分析的结果有待于试验验证,即实验模态分析,解析法和实验法两者相结合已成为现代动力学分析的常用方法。

实验模态分析是一种参数识别法,用于识别系统的模态参数,为结构系统的振动特性分析、振动故障诊断及预报以及结构动力特性的优化设计提供依据。

实验模态分析一般需要激励系统、拾振系统和数据分析处理系统,国内有许多科研机构开发了独立的测试系统,如南京航空航天大学振动技术研究所自行设计开发的多通道测试分析系统、重庆大学汽车系在 1997 年为长安公司开发的针对汽车动态特性的测试分析系统、北京大学力学系开发的结构模态分析系统等,但大多数只是针对具体目标而开发的,其通用性及操作简便性还有待改进。

目前模态测试分析系统已商业化,有许多研究所和公司开发出了通用的模态分析处理系统,国内的如东方振动和噪声技术研究所等,国外的如比利时 LMS、丹麦 B&K、德国 Head、美国 HP 等。

实验模态分析关键在于硬件系统的可靠性、参数识别算法、试验人员的经验。硬件系统主要包括激励系统、传感器、数据采集前端等设备,随着电子技术、制造技术和计算机技术的进步,硬件系统已得到了长足的进步,如 A/D 卡,目前普遍采用 16 位的,24 位的 A/D 卡已得到了一定范围的应用,具有较高的精度。

模态参数识别法也有许多种,目前比较认同的是时域最小二乘复指数法和最小二乘频域法相结合的方法。2004 年,LMS 公司又推出了一种 POLYMAX 方法,既适用于小阻尼,也适用于大阻尼、密集模态系统的参数识别,是目前最先进的处理算法之一。但实验模态分析的可靠性在很大程度上依靠操作人员的知识和经验。

计算机仿真分析的应用,不仅可以缩短研发周期,而且还可以减少浪费,但计算机分析总是将系统理想化、简化和模型化,需要大量的实验数据支撑,其可靠性须通过试验分析来检验。目前,国内研发水平较低,缺乏足够的试验数据支撑,必须将试验和仿真相结合,才能更好地为工程服务。

(2)发动机与整车振动匹配研究现状

车辆的振源主要来自两个方面:发动机和路面。发动机作为一个主要振源,其振动是由动力总成经悬置系统传递给车身引起车身的振动。因此,最大限度地减小发动机振动向车身传递是汽车减振的关键途径之一,而动力总成的悬置系统作为振动传递途径的一个重要元件对隔振来说也是一个不可忽视的环节。

发动机总成悬置系统是指动力总成与车架或车身的弹性连接系统,该系统设计的优劣直接关系到发动机振动向车体的传递,影响整车的 NVH 指标。合理选取悬置系统的动力学参数和悬置橡胶参数,应尽可能减小发动机振动对整车振动的影响,这对于降低整车振动提高车辆的综合指标是极其重要的。

国外许多专家对发动机悬置系统的隔振作用做出了许多有益的研究和探讨。20 世纪 50 年代,ANON HORISON 和 HORIVITZ 提出六自由度解耦理论和解耦的计算方法,他们的理论比较成熟,推动了今后的研究。20 世纪 70 年代,Toshio、Sakata 用机械阻抗法研究悬置刚度与车内噪声的关系。B. L. Belter-knight 利用打击中心理论,考虑使各悬置点尽可能地靠近弹性体振动节点位置,提出了合理布置动力总成悬置元件的方法。1976年,Schmit 和 Charles 通过试验研究表明,悬置系统的固有振动特性主要取决于悬置刚度,而振动幅度还与悬置阻尼的大小有关。

自 20 世纪 70 年代以来,研究人员逐渐将数学中的优化方法应用于悬置系统的设计,取得了良好的成果。1979 年,Johnson 用数学优化的手段进行悬置系统的设计,他以合理配置系统的固有频率和实现各自由度之间的振动解耦为目标函数,以悬置刚度和悬置点坐标为设计变量进行优化计算,结果使系统各平动自由度之间的振动耦合大为减少,同时保证了系统的固有频率,取得令人满意的优化成果。1984 年,Geck P. E. 和 Patton R. D.认为,发动机悬置系统的最主要作用是隔离低频振动,这就要求系统的侧倾固有频率要低,以减小发动机不平衡扭矩引起的振动。因此,他们以侧倾运动解耦、降低侧倾模态的固有频率为目标对悬置系统进行了优化,并提出了较合理的悬置设计原则。1987年,H. Hata 和 H. Tanaka 又用优化悬置位置的方法,对怠速工况下发动机悬置系统的振动进行了研究,指出车身弯曲共振频率应高于怠速转频(发动机怠速时对应的频率),且越大越好,动力总成的共振频率应小于 $1/\sqrt{2}$ 的怠速转频。1990 年,Demic 以悬置点响应力和响应力矩为目标函数,对悬置点位置与悬置特性进行优化,该方法具有既适合橡胶悬置优化,又适合液力悬置优化的特点。

以上几种应用优化理论进行的动力总成悬置系统的研究方法,大多是将悬置系统的力学模型简化,以车架为刚性基础,建立六自由度的刚体——阻尼弹簧模型,可见该动力学模型已有比较广泛的应用范围。

国内汽车专业人员对发动机悬置系统的研究虽然起步较晚,但已取得了大量的成果。20 世纪 80 年代,清华大学的徐石安等人开始发动机悬置系统的优化计算,他们经过研究认为,相比振动解耦和合理分配固有频率而言,降低振动传递率是最重要的,提出了以悬置点处反作用力幅值最小为目标函数,适当控制系统固有频率的方法进行优化设计,取得较好的结果。

20世纪90年代以后,汽车振动学得到了迅速发展,国内对动力总成悬置系统的研究工作更加深入,取得了可喜的成绩,如同济大学严济宽做了很多工作。

1992年,长春汽车研究所的喻惠然等人给出了发动机悬置系统设计的一般要求和原则,并对CA6102型发动机的悬置系统进行了基本参数计算和隔振性能研究,提出了改进方案。同年,第二汽车制造厂的上官文斌等人在扭矩轴坐标系中建立了优化模型,以系统固有频率为目标函数,以系统解耦、打击中心原理、一阶弯曲模态节点为约束进行了优化计算,此方法在工程上很具有实用价值。

1993—1998年,清华大学的徐石安与阎红玉对悬置系统提出了新的研究方法:将汽车看成由发动机、车架、驾驶室和车桥等子系统构成的组合系统,通过理论计算或测试识别的方法,求出各子系统的动态特性,然后按照一定边界条件进行组合,获得整个组合系统的动力学方程,求解这个方程即可得到此组合系统的动态特性。若只修改其中某一子系统,原有其他子系统的特性仍保存,将发动机动力总成悬置系统看成要修改的子系统,事先根据各类汽车共有的特点,找出发动机和其他子系统在整车中的一般匹配关系。这样,无须建立整车振动模型和方程,直接根据发动机子系统所确定的动态特性,就能比较准确地预估出整车的振动状况。在理论上为六自由度振动模型的建立,做出了令人较为信服满意的解释。同时,在发动机解耦优化过程中,对结构上缺少明确的对称面的发动机(如前置前驱汽车的发动机),提出了任意一个自由度都能方便解耦的新方法——能量解耦法。吉林大学的研究者也对发动机隔振进行了深入的研究,他们提出了以整车系统为研究对象,包括发动机悬置系统在内的十三自由度整车振动模型,通过计算机模拟进行响应分析;并以人体舒适性的评价标准为基础,来评价悬置元件的隔振性能。

近年来,对悬置系统刚度的研究,已由线性化处理向非线性化方向发展,同时对与悬置连接的基础元件(车身)的研究,也已由传统的视为刚性且质量无限大的基础元件进一步深入到视为具有一定弹性的基础元件,在建模计算分析时,考虑了弹性基础对振动传递率曲线的作用。

(3)悬架控制策略研究现状

目前,国内外学者对汽车半主动悬架和主动悬架研究较多,而控制策略是悬架控制的核心部分,也是学者们研究的热点。应用于悬架控制系统的控制理论比较多,主要有天棚控制、最优控制、预测控制、模糊控制、自适应控制、神经网络控制以及复合控制等。

1937年,Crosby和Karnopp首次提出半主动悬架的概念。之后,美国学者Karnopp等人于1974年提出了天棚阻尼控制思想。其原理是在车身上安装一个与车身振动速度成正比的阻尼器,可以完全防止车身与悬架系统产生共振,达到衰减振动的目的。

1975年,Margolis等人提出了开关控制策略,并在实车上得到了应用。在天棚控制方式中,控制力取决于车体的绝对速度的反馈,不需要很多传感器也不需要复杂的数学模型,可靠性较好。Karnopp为实现"天棚"控制思想又提出了开关阻尼的概念。原理是根据控制信号调节阻尼器阻尼的"软""硬"设置,进而调整阻尼力的大小。其优点是作动器消耗振动能量。

线性最优控制理论是早期经典控制理论的代表,已经过了理论到实践的考验,是目前比较成熟和完整的半主动悬架控制理论。其中,使用 LQR 算法的理论及实践应用比较成熟。线性最优控制、H∞ 最优控制等是常见的运用在车辆悬架控制上的最优控制方法。

国内韩文涛、李磊等人提出了一种基于线性最优控制理论的汽车主动悬架控制方法,分析表明此控制算法对改善汽车行驶平顺性和提高汽车行驶安全性具有较优的效果。许昭通过建立 1/4 车辆模型,应用最优控制理论进行了车辆主动悬架的 LQG(Linear Quadratic Gaussian)控制器的设计,并在 Matlab/Simulink 环境中建立系统模型并进行仿真。结果表明,具有 LQG 控制器的主动悬架对车辆行驶平顺性和乘坐舒适性的改善有良好的效果。

预测控制方法提出的比较早,它可以预先确定前方路面的信息,并利用这一信息和车辆当时信息来决定控制行为。由于预测控制是利用车辆前轮的扰动信息预估路面的干扰输入,将车辆的前轮悬架的状态参数值反馈给控制器进行控制,因此,控制系统有一定的时间来采取措施。然而信息的获得来自前轮,因此,要求系统对信息进行处理并由控制器采取动作历时很短。鉴于此,目前最优预测控制多采用超声波传感器等测量方法对车辆前方道路的实际情况进行采集,用此信息来控制悬架执行机构的动作。

1984 年,日产公司研制出声呐式半主动悬架,它能通过声呐装置预测前方路面信息,及时调整悬架减振器的状态。清华大学李治国、金达锋等人结合频率成型性能指标,提出了一种主动悬架预测控制算法。北京理工大学武云鹏、管继富等人将广义预测控制(GPC)应用到车辆半主动悬架控制中,提出了车辆半主动悬架一种新的自适应预测控制算法,采用模型预测、滚动优化、反馈校正实现目标函数的最优控制,同时对路面变化、模型误差均具有自适应能力。

自适应控制方法应用于汽车悬架控制系统的有自校正控制和模型参考自适应控制两类。自适应控制考虑了车辆系统参数的时变性,通过自动检测系统的参数变化来调节控制策略,从而使系统实时逼近最优状态。自校正控制是一种将受控对象参数在线识别与控制器参数整定相结合的控制方法。

自适应控制存在的问题表现在自校正控制过程需要在线辨识大量的结构参数,从而导致计算量大,实时性不好。而模型参考自适应控制方法涉及路面信息获得的精度问题,这一点与预测控制存在的问题相似。另外,当悬挂系统参数由于突然的冲击而在较大的范围变化时,自适应控制的鲁棒性将变坏。

吉林大学的喻凡提出了悬架的最优自适应与自校正控制策略。其基本控制方法为 LQG 控制,考虑了路面输入及车辆参数的变化,而对反馈的参数作实时的调整。另外,还提出了一种自校正控制算法,利用状态估计器、参数估计器,实时估计出系统的状态以及重要的时变参数值,从而实施对 LQG 控制器加以校正。

在过去的 20 年中,基于专家知识和经验的模糊控制及神经网络控制逐步成为解决具有非线性、复杂和不确定因素系统的有效方法。

在车辆悬架控制领域较早应用模糊控制的是 Yoshimura 教授,他将模糊控制方法应用到汽车主动、半主动悬架中。该车辆系统由非线性微分方程模型描述,通过模糊推理从若干类阻尼力中选择合适的阻尼力。仿真结果显示应用模糊控制的半主动悬架系统大大减小了车身振动加速度。随后进行的实车试验取得了较为理想的结果。

江苏大学汪若尘、陈龙等人采用模糊控制策略对半主动悬架系统进行数值仿真及实车道路试验,结果表明所建立的模糊控制策略能有效提高车辆的舒适性。吉林大学雷海蓉通过试验获取了空气悬架的刚度特性,并建立了基于 1/4 车辆悬架模型的模糊控制器,综合仿真分析和试验结果表明模糊控制算法对空气悬架的控制可行且有效。

南京航空航天大学郭大蕾等人针对悬架系统的辨识和控制过程,提出一种神经网络间接自适应控制方法,优化了控制结构,提高了控制精度。仿真结果表明,磁流变阻尼器半主动悬架的减振效果明显优于被动悬架以及其他控制方式和阻尼调节方式。汪若尘等人建立了空气悬架双质量模型,提出了基于 RBF 神经网络优化的系统阻尼和空气弹簧匹配策略。台架试验与仿真表明,客车的平顺性和轮胎接地性都得到了改善。

模糊控制和神经网络控制是建立在专家知识和经验的基础上的,因此,人为因素在其中占据着很重要的角色。专家知识在一定程度上是"主观"的,如果专家知识的集合不能真实或准确地反映车辆的状态,那么控制就失去了准确性。

当前应用于汽车悬架振动控制的控制策略很多,而得到的效果只能说是优越于被动悬架。原因是各种控制策略都有自身无法弥补的缺陷,解决办法就是将两种甚至多种控制策略相结合,对悬架进行复合控制。

纵观车辆主动、半主动控制领域,只运用一种控制策略的成功案例并不多见,而采用复合控制策略的成功应用却很多。相关文献记载的控制策略设计有应用于车辆的自适应控制与 LQG 控制的联合控制,最优预见控制与神经网络控制的复合,以及模糊控制与神经网络控制的复合等。

研究表明,利用复合控制方法更适用于汽车、悬架这样复杂非线性系统的建模与控制,可以预见复合控制方法是今后控制策略研究的一个重要方向。

1.3　主要研究内容

针对摩托车及全地形车的整车振动评价及控制展开系统研究,重点研究摩托车及全地形车整车振动评价及控制的关键技术,包括建立摩托车及全地形车整车振动评价方法;搭建摩托车及全地形车整车振动测试系统;分析摩托车及全地形车车架及车架挂发动机振动特性;对发动机与整车进行匹配和分析;探讨摩托车及全地形车整车振动建模方法;探索性地研究全地形车悬架控制策略。

　　主要研究工作内容包括以下几个方面：

　　①深入分析 ISO 2631 等相关振动标准，并结合摩托车及全地形车自身振动特性，提出摩托车及全地形车振动舒适性评价方法。

　　②依据摩托车及全地形车振动评价方法，搭建包含硬件部分和软件部分的摩托车及全地形车振动舒适性分析系统。并对摩托车及全地形车进行实车振动舒适性测试与分析。

　　③采用解析法及实验法，全面分析摩托车及全地形车车架及车架挂发动机的振动特性，为控制摩托车及全地形车整车振动提供有效途径，并针对摩托车及全地形车进行动态特性改进。

　　④深入研究发动机对摩托车及全地形车整车振动的影响，主要包括发动机对车架挂发动机的动态特性影响、发动机安装位置以及发动机悬置的优化分析。

　　⑤采用 CAE 的手段，对摩托车及全地形车整车振动进行仿真分析，为进一步改型或全新开发摩托车及全地形车提供理论依据，进而保障改型或全新开发的摩托车及全地形车具有较好的振动舒适性。

　　⑥悬架是控制整车振动的关键部件。以全地形车悬架系统为例，对其进行控制策略分析，为进一步控制全地形车整车振动做探讨性研究。其中主要包括天棚阻尼控制策略、模糊控制策略和模糊 PID 控制策略的分析。

第 **2** 章

摩托车及全地形车整车振动评价方法

摩托车及全地形车整车振动评价方法是分析摩托车及全地形车整车振动的基础。通过深入研究 ISO 2631 及 ISO 5349 等国际标准,结合摩托车及全地形车的自身特点,建立摩托车及全地形车整车振动评价方法。

2.1 整车振动评价方法

车辆行驶时,因路面不平以及发动机、传动系统和车轮等旋转部件激发车辆的振动。对载人车辆来说,关心的振动位置有坐垫、地板及转向盘;对载货车辆来说,驾驶室内坐垫、转向盘、地板以及货舱的振动是主要关心的位置。因为坐垫、转向盘、地板的振动量直接关系驾驶员或乘客的舒适程度;货舱位置的振动量则关系到货物运输中货物的完整性。而对于摩托车及全地形车来说,手把、坐垫、脚踏等位置的振动大小直接关系到驾驶员的舒适程度,而货架的振动则会影响货物的完整性。

因此,在建立摩托车及全地形车整车振动定量评价时,需要分开评价手把、坐垫及脚踏等处的振动,因为涉及驾驶员的因素,需要考虑不同驾驶员心理与身体素质不同而对振动敏感程度的差异性。

对货架来说,过大的振动会影响货物的状态,甚至损坏货物。通过深入研究人体振动评价研究成果和振动评价标准,结合摩托车及全地形车的实际特点,建立定量评价摩托车及全地形车整车振动的方法。

2.1.1　人体全身振动评价

对于手把、坐垫及脚踏来说,振动讨论的对象是"路—车—人"构成的系统。系统的输入是路面凹凸不平的变化,此输入先经过轮胎、悬架及坐垫等减振后传到人体;再由人的生理、心理和机械等复杂因素的综合;最后产生系统的输出——人对振动的反应。

对于摩托车及全地形车货架处,则主要考虑振动对货架及车载装备的影响,而没有人的主观因素。

目前,对车辆手把、坐垫及脚踏等位置振动评价国内外的研究较多,因为这些位置涉及人的主观因素,研究的热点将振动物理量与人对这些振动物理量的不同反应结合起来进行评价。

自 20 世纪 30 年代以来,在评价人体对振动的反应这一方面做了大量的工作,但是很难得到公认的指标和评价方法。随着研究的深入和积累,评价方法日趋合理。评价振动对人体的影响时,目前国际上主要应用的有以下两种评价体系:

①ISO(International Standard Organization)国际标准体系/BS 标准,以振动的加速度均方根值为基本评价指标,辅以振动剂量值(VDV)和运行加速度均方根值等指标。目前全身振动方面有国际标准 ISO 2631:1997,类似的有英国标准 BS 6841;手把局部振动方面有 ISO 5349:2001。

②吸收功率(Absorbed Power)法,是在 20 世纪 60 年代时由 Pradko F.和 Lee R.A.提出来的,以人体与振动系统接触部位的力和速度信号来计算吸收功率,以人体吸收的能量来评价振动的强弱程度,相对于振动加速度均方根值能更好地反映人体承受的振动。

《人体承受全身振动评价指南》(ISO 2631—1:1997)标准认为,人体对不同频率振动的敏感程度不同,在试验的基础上给出了 $1\sim400$ Hz 范围内各 1/3 倍频带的加权系数,而且推荐在 $0.5\sim80$ Hz 内评价振动,并在汽车平顺性评价中得到了应用。

ISO 2631—1997 规定了频率加权系数,与人体的位置和轴向有关,还与评价振动对人体的影响有关,即评价健康、舒适、感知和晕车采用的加权系数不同。ISO 2631—1997 在 1/3 倍频带内定义了频率加权系数,并给出了近似的滤波器参数。

按照振动对人体的影响,ISO 2631—1997 给出了健康、舒适、感知和晕车的评价方法,评价振动对感知和晕车的影响时,ISO 2631—1997 和 BS 6841—1987 完全一致,评价舒适和健康时有所差别。

ISO 2631—1997 给出了基本评价方法和辅助评价方法:

①基本评价方法即运用加权加速度均方根值 r.m.s,如式(2.1)。

②辅助评价方法即运用加速度均方根值(the running r.m.s)和振动剂量值 VDV(the fourth power vibration dose method)。振动剂量值的定义如式(2.2)。

$$\text{r.m.s} = \left(\frac{1}{T}\int_0^T a^2(t)\,\mathrm{d}t\right)^{\frac{1}{2}} \tag{2.1}$$

$$\mathrm{VDV} = \left(\int_0^T a^4(t)\,\mathrm{d}t \right)^{\frac{1}{4}} \tag{2.2}$$

其中运行加权加速度均方根值,主要针对瞬态振动或间歇性的瞬态振动,即在整个时间内,求出短时间 τ 内的加权加速度均方根值 $a_\mathrm{w}(t_0)$,$a_\mathrm{w}(t_0)$ 的最大值即最大瞬态振动值 MTVV。

ISO 2631 规定,当峰值因子大于 9 或满足式(2.3)时,用辅助评价方法代替基本评价方法来评价振动对人体的影响。

$$\mathrm{ratio\_V_r} = \frac{\mathrm{VDV}}{\mathrm{r.m.s} \times T^{\frac{1}{4}}} \geqslant 1.75 \quad 或 \quad \frac{\mathrm{MTVV}}{\mathrm{r.m.s}} \geqslant 1.5 \tag{2.3}$$

振动的评价主要包括健康和舒适性两个方面,而且评价方法有所不同。由于这里只关心振动舒适性,因此就只介绍振动舒适性的评价方法。

评价振动舒适性时,坐姿人体各轴振动的轴加权系数和频率加权系数见表 2.1。对于多轴振动,按照各轴的轴加权系数计算其合成值,计算公式见式(2.4)。

$$\mathrm{r.m.s}_v = \left[\sum_{i=1}^{N} (k_i \times \mathrm{r.m.s}_i)^2 \right]^{\frac{1}{2}} \tag{2.4}$$

表 2.2 中给出了加权加速度与人体感觉的关系。

表 2.1　各轴的频率加权系数和轴加权系数

部　位	频率加权系数		轴加权系数
	BS 6841	ISO 2631	
坐垫 x 向	w_d	w_d	1
坐垫 y 向	w_d	w_d	1
坐垫 z 向	w_b	w_k	1
坐垫 R_x 向	w_e	w_e	0.63
坐垫 R_y 向	w_e	w_e	0.4
坐垫 R_z 向	w_e	w_e	0.2
靠背前后 x 向	w_c	w_c	0.8
靠背左右 y 向	w_d	w_d	0.5
靠背垂直 z 向	w_d	w_d	0.4
脚 x 向	w_b	w_k	0.25
脚 y 向	w_b	w_k	0.25
脚 z 向	w_b	w_k	0.4

表 2.2　不舒适程度与加权加速度均方根值的关系

加权 r.m.s/ms^{-2}	不舒适程度
<0.315	没有不舒适
0.315~0.63	有一点不舒适
0.5~1	比较不舒适
0.8~1.6	不舒适
1.25~2.5	很不舒适
>2.0	极不舒适

ISO 2631—1997 与 ISO 2631—1985 无继承性,它是以 BS 6841—1987 为蓝本而制定。ISO 2631—1997 和 BS 6841—1987 都给出了振动的测量和评价方法,但都没有给出振动限值,只是在附录中给出了一个公认的指标值。二者存在如下差别:

①评价指标不同。评价健康或舒适时,BS 6841—1987 采用 r.m.s 和 VDV 或 r.m.q,以峰值因子大于 6 来区分;ISO 2631—1997 的基本评价方法和辅助评价方法是以峰值因子大于 9 和式(2.3)来区分的。

②轴向加权系数不同。评价健康时,ISO 2631—1997 认为座椅面水平振动的轴加权系数是 1.4,而 BS 6841—1987 认为座椅面 3 轴的权重相同。

③频率加权系数不一致。对于坐椅面 z 向的频率加权系数,ISO 2631—1997 采用 w_k,BS 6841—1987 采用 w_b。有学者认为,w_k 没有依据,不合理,但二者的差别并不大,如图 2.1 所示。

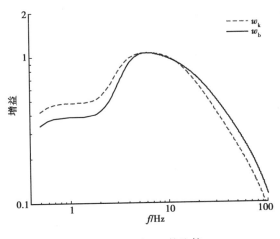

图 2.1　w_b 和 w_k 的比较

④振动与暴露时间的关系不同。对振动与暴露时间的关系,BS 6841—1987 附录给

出确切关系,而 ISO 2631—1997 只给出了两种方式,却不明确。

吸收功率(Absorbed Power)法是 20 世纪 60 年代,美国陆军坦克机动车局进行人体振动试验研究的成果。负责人 Pardko 和 Lee 等人撰写论文指出,可以将人体响应看成一个弹性阻尼系统,该系统对不同频率的振动输入有不同的响应,提出以被人体吸收的机械功率来表示人所受到的振动输入的大小。

人体在承受振动时要受到外力的作用,外力在单位时间内做的功即人体吸收功率。吸收功率等于输入力 $F(t)$ 与输入速度 $V(t)$ 的乘积,因此平均吸收功率见式(2.5),即

$$P_{av} = \lim_{T \to \infty} \frac{1}{T} \int_0^T F(t) V(t) \, \mathrm{d}t \tag{2.5}$$

研究表明,吸收功率可用加速度均方根值来近似表示,见式(2.6),即

$$P_{av} = \sum_{i=0}^n K_i \cdot a_{wi} \tag{2.6}$$

式中 a_{wi}——第 i 个 1/3 倍频带内的加速度均方根值;

    K_i——对应的频率加权系数。

美国陆军坦克机动车局将振动按吸收功率大小定为 3 个等级,即平稳等级、中等平稳条件和忍耐极限,各自对应的吸收功率分别为 2 W、4 W 和 6 W。

按照式(2.6),吸收功率法与加权加速度均方根值的评价方法也相似,只是加权系数不同而已。这种方法主要在美国军方使用,近些年的研究并不多见。

我国汽车平顺性标准 GB 4970—1985 中采用了这种方法,但在现行汽车平顺性试验标准 GB 4970—1996 中已不再采用。

上述两种方法各有优缺点,学术界仍存在争议。但 ISO 体系易于操作,已被普遍接受,并得到了广泛应用,我国也有相应的国家标准,而且汽车平顺性标准也是参照 ISO 2631 制定的。且普遍认为机械振动对人体的影响,取决于振动的频率、强度、作用方向和暴露时间,还取决于人的心理和生理状态。

2.1.2 人体手传振动评价

手传振动属于局部振动,人体对手传振动的反应和全身振动一样,是一个非常复杂的问题,很难用一个量值来作出绝对确切、肯定的评价。目前,用于人体手传振动评价的标准主要有 ISO 5349—2001 和吸收功率法。

国际标准化组织(ISO)在 1979 年制定了《人体接触手传振动的测量和评价指南草案》(ISO 5349—1979),该评价指南草案经过多次修改,已形成正式的评价准则标准,被世界许多国家采用。

经过各国学者及科研机构多年实践的检验,该标准适用于手扶拖拉机、气动工具、电动工具等,会给操作者手和手臂系统带来强烈振动的机械。国内在制定《手扶拖拉机振动测量方法》(GB 7927—1987)、《割灌机手感振动测定方法》(GB/T 14179—1993)、《油锯手传振动测定方法》(GB/T 5395—1995)等国家标准时均参考了该标准。

ISO 5349 规定了两种姿势,即握式和平放式,如图 2.2 所示。ISO 5349 规定了两个坐标系,一是以第三掌骨为坐标原点、以第三掌骨纵轴为 z_h 轴、以原点向掌心法向为 x_h 轴的生物力学坐标系,如图 2.2 中实线所示;二是基本中心坐标系,它是将生物力学坐标系中的 y-z 平面旋转,使 y 轴与手柄轴向平行,如图 2.2 中虚线所示。

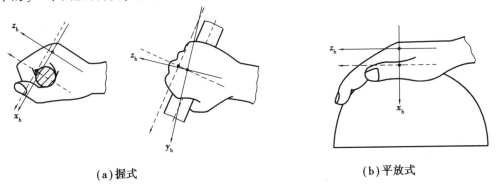

(a)握式　　　　　　　　　　　　(b)平放式

图 2.2　手的坐标系

ISO 5349:2001 是目前评价手传振动的通用标准。该标准同样认为人体对不同频率手传振动的敏感程度不同。ISO 5349:1986 推荐手传振动的主要频率分析范围为 8~1 000 Hz,2001 则推荐手传振动的主要频率分析范围为 6.3~1 000 Hz。

ISO 5349—2001 以加权加速度均方根值 a_{hw} 为指标。有以下两种计算方法:

①对加速度时间历程 $a_h(t)$,利用频率加权系数对应的滤波器进行加权得到的加权加速度时间历程 $a_{hw}(t)$,按式(2.7)计算其加权加速度均方根值 a_{hw}。

$$a_{hw} = \sqrt{\frac{1}{T}\int_0^T a_{hw}^2(t)\,\mathrm{d}t} \tag{2.7}$$

式中　T——振动时间,s。

②对记录的加速度时间历程 $a_h(t)$,进行频谱分析得到功率谱密度函数 $G_{ha}(f)$,计算加权加速度均方根值 a_{hw}。

先按式(2.8)计算各 1/3 倍频带内的加速度均方根值:

$$a_{hi} = \left[\int_{f_{li}}^{f_{ui}} G_{ha}(f)\right]^{\frac{1}{2}} \tag{2.8}$$

式中　a_{hi}——中心频率为 f_{ci} 第 i 个 1/3 倍频带加速度均方根值,m/s²;
　　　f_{ui},f_{li}——中心频率为 f_{ci} 的 1/3 倍频带的上下限频率,Hz。

然后按照式(2.9)计算加权加速度均方根值 a_{hw}:

$$a_{hw} = \sqrt{\sum_i (w_i a_{hi})^2} \tag{2.9}$$

式中　w_i——第 i 个 1/3 倍频带的加权系数,见表 2.3。

表 2.3　1/3 倍频带内的频率加权系数

f_{ci}/Hz	w_{hi}		f_{ci}/Hz	w_{hi}	
	ISO 5349—2001	ISO 5349—1986		ISO 5349—2001	ISO 5349—1986
6.3	0.727	1	100	0.160	0.16
8.0	0.873	1	125	0.127	0.125
10.0	0.951	1	160	0.101	0.1
12.5	0.958	1	200	0.079 9	0.08
16.0	0.896	1	250	0.063 4	0.063
20.0	0.782	0.8	315	0.050 3	0.05
25.0	0.647	0.63	400	0.049 8	0.04
31.5	0.519	0.5	500	0.031 4	0.03
40	0.411	0.4	630	0.024 5	0.025
50	0.324	0.3	800	0.018 6	0.02
63	0.256	0.25	1 000	0.013 5	0.016
80	0.202	0.2	1 250	0.008 94	0.012 5

对于多轴振动,应根据 x、y 和 z 三轴向振动的加权加速度均方根值 a_{hwx}、a_{hwy} 和 a_{hwz} 来计算其矢量和 a_{hv},见式(2.10),各轴向的权重相同。

$$a_{hv} = \sqrt{a_{hwx}^2 + a_{hwy}^2 + a_{hwz}^2} \qquad (2.10)$$

吸收功率法最早在全身振动评价领域使用,后来拓展到手传振动方面。吸收功率法刚提出时,许多学者都认为吸收功率法能很好地反映振动对人体的影响,但后续研究表明低频振动(25 Hz 以下)对人体的影响比中频振动(25~250 Hz)对人体的影响大,而引起白手指病的振动却是中频振动,表明吸收功率法不适合衡量白指病。之后,R. G. Dong 等人利用手指和手掌的机械阻抗和吸收功率,提取对应的频率加权系数。结果表明从手指和手掌的总的吸收功率中析出的频率加权系数和 ISO 5349—2001 的频率加权系数一致,但手指吸收功率析出的频率加权系数在 25 Hz 以上比 ISO 5349 的频率加权系数要高。因此,指出手指吸收功率可能与白指病的关系更密切,而手掌吸收功率与手臂系统的振动疾病有关。

ISO 5349—2001 标准易于测量,而吸收功率法需要力传感器不利于测量。全地形车手把振动环境符合 ISO 5349—2001 标准所规定的范围。

综上所述,ISO 2631 作为国际标准,有较大的影响力。我国有关全身振动的评价标准都是沿用 ISO 标准体系。《人体全身振动环境的测量规范》(GB/T 13441—1992)和《人体全身振动暴露的舒适性降低界限和评价准则》(GB/T 13442—1992)同于 ISO 2631—1985,汽车标准《汽车平顺性随机输入试验方法》(GB 4970—1996),采用的是 ISO 2631—1997 草案。

摩托车及全地形车中振动对人体的影响主要是舒适性。因此,采用 ISO 2631—1997 中舒适性的评价方法评价摩托车及全地形车中人体承受的全身振动。

手传振动方面,ISO 5349—2001 是目前手传振动测量和评价的依据,并被广泛应用。中国国家标准依据的是 ISO 5349 标准体系,现行国家标准 GB/T 114790—1993 和 GB 11523—1989 引用的都是 ISO 5349—1986。因此,参照 ISO 5349—2001 来评价摩托车及全地形车上的手传振动。

2.2　摩托车及全地形车振动评价方法

摩托车及全地形车中涉及人对振动的差异性影响包括手把、坐垫和脚踏 3 个位置。因此,以坐垫处的振动来评价全身振动的大小,以手把和脚踏处的振动来评价局部振动。

对于手把、坐垫、脚踏位置的振动定量评价,因为涉及人对振动的差异性影响,参照 ISO 2631、ISO 5349 等标准评价手把、坐垫、脚踏处的振动,最终选用总加权振级来评价。

对于摩托车及全地形车货架处位置来说,则以货架位置振动作为评价指标,采用合成加速度均方根值或合成振级来定量评价。频率上,坐垫算到 300 Hz,手把和脚踏算到 1 000 Hz。

最终摩托车及全地形车振动定量评价方法如下:

加权加速度均方根值是按振动方向,根据人体对振动频率的敏感程度而进行计算的。

通过多次对摩托车及全地形车振动的预分析表明,摩托车及全地形车各轴振动的峰值因子在 5 左右,且式(2.3)不成立。因此,以加权加速度均方根值作为评价指标,具体计算流程如下:

(1)先计算单轴向加权加速度均方根值 a_w

有两种计算方法,即时域法和频率法。

1)时域法

对记录的加速度时间历程 $a(t)$,通过相应的频率加权函数的滤波网络得到加权加速度时间历程 $a_w(t)$,按式(2.11)计算加权加速度均方根值。

$$a_w = \sqrt{\frac{1}{T}\int_0^T a_w^2(t)\,\mathrm{d}t} \tag{2.11}$$

式中　T——振动的分析时间,最低不少于 1 min。

手把处频率加权函数 w_h 对应的滤波器的频响函数如下：

$$H_h(s) = \frac{s^2(2\pi f_2)^2}{\left(s^2 + \dfrac{2\pi f_1 s}{Q_1} + (2\pi f_1)^2\right)\left(s^2 + \dfrac{2\pi f_2 s}{Q_1} + (2\pi f_2)^2\right)} \times$$

$$\frac{(s + 2\pi f_3)2\pi f_4^2}{\left(s^2 + \dfrac{2\pi f_4 s}{Q_2} + (2\pi f_4)^2\right)f_3} \qquad (2.12)$$

座位处垂直振动的频率加权函数 w_k 对应的滤波器的频响函数如下：

$$H_k(s) = \frac{1}{1 + \dfrac{\sqrt{2}\,2\pi f_1}{s} + \left(\dfrac{2\pi f_1}{s}\right)^2} \times \frac{1}{1 + \dfrac{\sqrt{2}\,s}{2\pi f_2} + \left(\dfrac{s}{2\pi f_2}\right)^2} \times$$

$$\frac{1 + \dfrac{s}{2\pi f_3}}{1 + \dfrac{s}{Q_1 2\pi f_4} + \left(\dfrac{s}{2\pi f_4}\right)^2} \times \frac{1 + \dfrac{s}{Q_2 2\pi f_5} + \left(\dfrac{s}{2\pi f_5}\right)^2}{1 + \dfrac{s}{Q_3 2\pi f_6} + \left(\dfrac{s}{2\pi f_6}\right)^2} \times \left(\dfrac{f_5}{f_6}\right)^2 \qquad (2.13)$$

座位处水平振动的频率加权函数 w_d 对应的滤波器的频响函数如下：

$$H_d(s) = \frac{1}{1 + \dfrac{\sqrt{2}\,2\pi f_1}{s} + \left(\dfrac{2\pi f_1}{s}\right)^2} \times \frac{1}{1 + \dfrac{\sqrt{2}\,s}{2\pi f_2} + \left(\dfrac{s}{2\pi f_2}\right)^2} \times$$

$$\frac{1 + \dfrac{s}{2\pi f_3}}{1 + \dfrac{s}{Q_1 2\pi f_4} + \left(\dfrac{s}{2\pi f_4}\right)^2} \qquad (2.14)$$

各频率加权系数对应的滤波器的频响函数式中各参数的数值，见表2.4。

表2.4　频率加权系数对应的滤波器频响函数的参数

加权系数	f_1	f_2	f_3	f_4	f_5	f_6	Q_1	Q_2	Q_3
w_h	6.31	1 258.9	15.915	15.915	—	—	0.71	0.64	—
w_k	0.4	100	12.5	12.5	2.37	3.35	0.63	0.91	0.91
w_d	0.4	100	2.0	2.0	—	—	0.63	—	—

2）频域法

对记录的加速度时间历程 $a(t)$ 进行频谱分析得到功率谱密度函数 $G_a(f)$ 计算 a_w。先按式（2.15）计算 $1/3$ 倍频带加速度均方根谱值：

$$a_i = \left[\int_{f_{li}}^{f_{ui}} G_a(f) \right]^{\frac{1}{2}} \tag{2.15}$$

式中　a_i——中心频率为 f_{ci} 的第 i 个 1/3 倍频带加速度均方根值，m/s^2；

　　　f_{ui}，f_{li}——1/3 倍频带的中心频率为 f_{ci} 的上下限频率，Hz；

　　　$G_a(f)$——加速度自功率谱密度函数，m/s^3。

然后按照式(2.16)计算 a_w：

$$a_w = \sqrt{\sum_i (w_i a_i)^2} \tag{2.16}$$

式中　w_i——第 i 个 1/3 倍频带的加权系数，见表 2.5；

　　　a_w——单轴向加权加速度均方根值，m/s^2。

频域法进行功率谱计算时，可采用经典谱估计法和现代谱估计法。

经典谱估计法为主要采用的谱估计法，以修正周期图法 Welch 为例，其步骤为：

①将样本时间序列分段，保证足够的频率分辨率及合理的估计方差，段间可适当重叠；

②选择适当窗函数依次对每段数据加权，加窗后的功率谱密度应保证能量得到补偿；

③对加窗后的每段数据分别计算功率谱，最后对所有估计取平均。

现代谱估计法是针对经典谱估计法分辨率低和方差性能不好提出的，是通过观测数据估计参数模型再按照求参数模型输出功率的方法估计信号功率谱。这里采用自回归模型（AR 模型）中的自相关法，该法的前提是满足平稳随机序列前向预测误差功率最小，在数据量较大时可获得满意的频率分辨率和良好的方差性能。利用该法估计功率谱的步骤为：

①求得观测数据的自相关系数矩阵；

②利用 Yule-Walker 方程的递推性质求解模型参数；

③根据下式求解模型输出功率谱以估计真实功率谱。

$$G_x(\omega) = \frac{\sigma_N^2}{\left| 1 + \sum_{k=1}^{p} a_k e^{-j\omega k} \right|^2} \tag{2.17}$$

式中　p——阶数（Order）；

　　　a_k——第 k 阶模型参数；

　　　σ_N^2——模型输入白噪声方差。

显然，时域法使用简单，但得不到频率信息。频率法可以得到频率信息，但得不到峰值因子等参数，且计算要复杂些。

表 2.5　手把、座位处 1/3 倍频带频率加权系数

手把各方向				座位垂直方向				座位水平方向			
频率/Hz	w_{hi}	频率/Hz	w_{hi}	频率/Hz	w_{ki}	频率/Hz	w_{ki}	频率/Hz	w_{di}	频率/Hz	w_{di}
6.3	0.727	200	0.079 9	0.5	0.418	16.0	0.768	0.5	0.853	16.0	0.125
8.0	0.873	250	0.063 4	0.63	0.459	20.0	0.636	0.63	0.944	20.0	0.100
10.0	0.951	315	0.050 3	0.8	0.477	25.0	0.513	0.8	0.992	25.0	0.080
12.5	0.958	400	0.049 8	1.0	0.482	31.5	0.405	1.0	1.011	31.5	0.063 2
16.0	0.896	500	0.031 4	1.25	0.484	40.0	0.314	1.25	1.008	40.0	0.049 4
20.0	0.782	630	0.024 5	1.6	0.494	50.0	0.246	1.6	0.968	50.0	0.038 8
25.0	0.647	800	0.018 6	2.0	0.531	63.0	0.186	2.0	0.890	63.0	0.029 5
31.5	0.519	1 000	0.013 5	2.5	0.631	80.0	0.132	2.5	0.776	80.0	0.021 1
40	0.411			3.15	0.804	100	0.088 7	3.15	0.642	100	0.014 1
50	0.324			4.0	0.967	125	0.054	4.0	0.512	125	0.000 863
63	0.256			5.0	1.039	160	0.028 5	5.0	0.409	160	0.000 455
80	0.202			6.3	1.054	200	0.015 2	6.3	0.323	200	0.002 43
100	0.160			8.0	1.036	250	0.007 9	8.0	0.253	250	0.000 126
125	0.127			10.0	0.988	315	0.003 98	10.0	0.212	315	0.000 064
160	0.101			12.5	0.902	400	0.001 95	12.5	0.161	400	0.000 031

（2）总加权加速度均方根值

对于摩托车及全地形车手把、座位位置振动的评价指标,采用三轴向的总加权加速度均方根值,按照 ISO 2631 标准和 ISO 5349 标准,各轴向加权系数均为 1,其中总值按式（2.18）计算：

$$a_{v} = \sqrt{a_{wx}^2 + a_{wy}^2 + a_{wz}^2} \qquad (2.18)$$

式中 a_v——三轴向的总加权加速度均方根值。

（3）加权振级

为了表示方便,可将坐垫位置得到的总加权加速度均方根值 a_{sv} 换算成对数形式,用加权振级进行比较。按照式（2.19）进行计算：

$$L_{aw} = 20 \lg\left(\frac{a_w}{a_0}\right) \qquad (2.19)$$

其中 a_0 为参考加速度均方根值,$a_0 = 10^{-6} \, \mathrm{m/s^2}$。

对于摩托车及全地形车实车振动评价时,可采用时域法,也可采用频率法。并且频率法以 Welch 代表经典谱估计进行计算,以 AR 模型法代表现代谱估计法进行计算。

2.3 本章小结

本章分别分析了人体全身振动评价和人体手传振动评价研究现状,并对比了相关国内外评价整车振动标准,结合摩托车及全地形车自身振动特性,提出了摩托车及全地形车整车振动评价方法。

以手把、坐垫及脚踏处加权振级来评价驾驶员振动舒适性,以货架处振动加速度均方根值为指标评价货架的振动。

第 **3** 章

摩托车及全地形车整车振动测试系统开发与应用

3.1 硬件系统搭建

根据建立的摩托车及全地形车整车定量评价方法,需要测量的量主要有手把、坐垫、脚踏及货架位置的加速度。因此,测量硬件的选择主要是加速度传感器和采集器。

(1) 测试系统的硬件系统需求

加速度的选择主要是根据其灵敏度、响应特性、线性范围、可靠性及精确度几个方面考虑。

1) 灵敏度

一般来讲,传感器的灵敏度越高越好,因为灵敏度越高,意味着传感器所能感知的变化量越小,被测量稍有一微小的变化时,传感器就有较大的输出。当然也应该考虑到,当灵敏度越高时,与测量信号无关的外界干扰也越容易混入,并被放大装置所放大。这时必须考虑既要检测微小量值,又要干扰小。为保证此点,往往要求信噪比越高越好,既要求传感器本身噪声小,又不易从外界引入干扰。此外,和灵敏度精密相关的是测量范围。除非有专门的非线性校正措施,最大输入量不应使传感器进入非线性区域,更不能进入饱和区域。

2) 响应特性

在所测量频率范围内,传感器的响应特性必须满足不失真测量条件。此外,实际传感器的响应总有一定迟延,但总希望迟延时间越短越好。一般来讲,利用光电效应、压电效应等物性型传感器,响应较快,可工作频率范围宽。

在动态测量中,传感器的响应特性对测量结果有直接影响,在选用时,应充分考虑被测物理量的变化特点(如稳态、瞬变、随机等)。

3)线性范围

任何传感器都有一定的线性范围,在线性范围内输出与输入成比例关系。线性范围越宽,则表明传感器的工作量程越大。传感器工作在线性范围内,是保证测量精确度的基本条件。当超过弹性线性限度时,将产生线性误差。然而任何传感器都不容易保证其绝对线性,在许可限度内,可以在其近似线性区域应用。选用时必须考虑被测物理量的变化范围,令其线性误差在允许范围内。

4)可靠性

可靠性是传感器和一切测量装置的生命。可靠性是指仪器、装置等产品在规定的条件下,在规定的时间内可完成规定功能的能力。只有产品的性能参数(特别是主要性能参数)均处于规定的误差范围内,方能视为可完成规定的功能。

为了保证传感器应用中具有高的可靠性,事前须选用设计、制造良好,使用条件适宜的传感器;使用过程中,应严格保持规定的使用条件,尽量减轻使用条件的不良影响,如隔一段时间进行传感器的校正工作。

5)精确度

传感器的精确度表示传感器的输出与被测量真值一致的程度。传感器处于测量系统的输入端,因此,传感器能否真实地反应被测量值,对整个测试系统具有直接影响。但也并非要求传感器的精度越高越好,还需要考虑经济性。因此,应从实际出发,尤其应从测试的目的出发选择。

座位处传感器、手把处传感器应能满足测试频率范围的要求。ISO 2631 要求座位处传感器能测中心频率为 0.5~80 Hz 范围的振动,手把处传感器应能测量中心频率为 6.3~1 000 Hz 的振动。

采集器的选择主要从 A/D 分辨率、最高采样率、信噪比、量程、数据传输/存储方式等方面去考虑。

《客车平顺性评价指标及限值》(QC/T 474—1999)标准中要求人体振动测量仪的性能规格:频率范围为 0.1~1 000 Hz,动态范围为 100~166 dB,误差为 0.5 dB。

《汽车平顺性随机输入行驶试验方法》(GB/T 4970—1996)标准中要求采集器的信噪比应优于 40 dB,测试系统的性能应稳定可靠,测人-椅系统的频响为 0.1~100 Hz,测货厢的频响为 0.3~600 Hz。

(2)测试系统硬件组成

根据第 2 章 2.2 中摩托车及全地形车整车振动评价方法,基于以上要求,遵循模块化、标准化、易扩展的原则,搭建了整车振动评价的硬件测试系统。

该硬件测试系统组成示意图如图 3.1 所示,通过手把处、坐垫处、脚踏处传感器测量驾驶员所受振动,通过货架处传感器测量货架位置振动大小。信号经采集器处理后存储到 CF 卡,然后复制到计算机进行后处理。

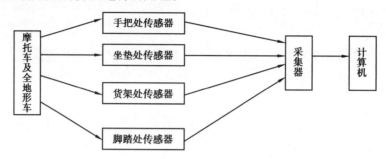

图 3.1　摩托车及全地形车振动定量评价系统示意图

根据摩托车及全地形车整车振动的定量评价研究部分需要测量的物理量,结合以上标准要求及测试分析要求,便可从已有设备中选择硬件。

传感器选择如下:

①坐垫处传感器选用美国 PCB 型压电传感器,该坐垫传感器无须单独供电,支持 ICP 型传感器的采集器均能对其供电。因此,使用方便,更能满足相关标准要求,具体如图 3.2 所示。

图 3.2　坐垫加速度传感器及其安装示意图

②手把处选用 PCB 公司的 ICP 型三轴向加速度传感器,满足 ISO 5349 对手把振动测试的要求,具体如图 3.3 所示。

图 3.3　手把加速度传感器安装示意图

③脚踏处采用 PCB 公司的 ICP 型单轴向加速度传感器。

④货架处同样采用 PCB 公司的 ICP 型三轴向加速度传感器,具体如图 3.4 所示。

图 3.4 货架处加速度传感器安装示意图

采集器选择德国 IMC 便携式采集器,精度满足试验要求,试验时 IMC 采集器需要供电,采用 12 V 蓄电池进行供电。因需要测量的通道较多,实测时将两台 IMC 并联在一起使用,具体如图 3.5 所示。

图 3.5 IMC 多通道采集器

由于摩托车及全地形车整车振动评价实验需要车速的信息,试验前进行车速校正,使用的是基于 GPS 技术的 VBOX 系统进行校正。

所选硬件设备清单见表 3.1。利用这些硬件设备可以完成摩托车及全地形车整车振动评价试验。至此,摩托车及全地形车整车振动定量评价的硬件系统已搭建完毕。

表 3.1 硬件设备清单

序 号	用 途	选用设备
1	测量坐垫处振动	美国三向 PCB 坐垫传感器
2	测量手把处振动	ICP 三向振动传感器
3	测量脚踏处振动	ICP 单向振动传感器
4	测量货架处振动	ICP 三向振动传感器
5	采集器	IMC 采集器
6	测量车速	VBOX 系统

3.2 软件分析系统开发

硬件系统搭建时采用的是 IMC 的采集器,其后端分析软件并没有振动评价分析模块。因此,需要开发独立的摩托车及全地形车整车振动评价软件,该分析软件能够完成试验数据读取、采用时域法和频域法对试验数据进行振动评价、生产试验报告及保持图形。

按照摩托车及全地形车整车振动分析软件系统的需求,选择合适的开发软件。由于 IMC 采集器的数据存储为 raw 格式,为了方便读取,采用与 IMC 设备具有高集成性的 IMC FAMOS 作为开发工具。

FAMOS(Fast Analysis & Monitoring of Signal)是在 Windows 操作系统下应用的、目前欧洲市场占有率较高的信号分析软件。FAMOS 是类似于 MATLAB 的编程软件,能完成数据处理分析和信号处理。FAMOS 具有较快的运算速度,即时可得上 GB 的数据分析结果;操作简单,支持中文;具有 300 余组函数分析功能,包括多种专用分析套件,功能强大。为了避免数据格式的转换,采用 FAMOS 作为后处理软件开发平台,完成整车振动评价分析软件的开发。

在摩托车及全地形车整车振动分析软件系统开发设计中,遵循模块化程序设计思想,根据系统的总体需求,设计振动评价的分析软件框图如图 3.6 所示,将系统划分为以下几个功能模块:

①程序主界面,进行相关分析功能的选择。

②数据读取模块,直接对原始试验数据进行读取。

③振动评价分析模块,按照全地形车整车振动评价方法对采集的试验数据进行分析

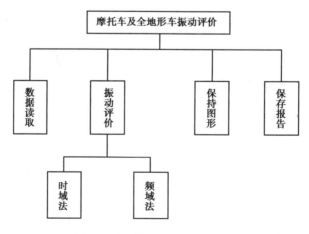

图 3.6 振动评价分析软件框图

处理,这部分是振动评价分析软件系统的核心。

④图形显示模块,对分析结果进行提取显示,如时域图、功率谱密度图、1/3倍频带加权均方根图等。

⑤报告输出模块,对分析结果进行保持,生成分析报告。

按照摩托车及全地形车整车振动评价方法和分析软件的模块的设计方法,采用 IMC FAMOS 开发了一套摩托车及全地形车整车振动评价分析软件系统,包括时域法和频域法,两者的界面分别如图 3.7、图 3.8 所示。

时域法分析的界面如图 3.7 所示,首先读入数据,选择要分析的通道,设置转换系数、滤波等预处理,选择对应不同加权系数的通道,便可进行计算,计算完成后即可得到各通道的加权加速度均方根值(r.m.s)、均四次方根值(r.m.q)、峰值因子、振动剂量值等结果。

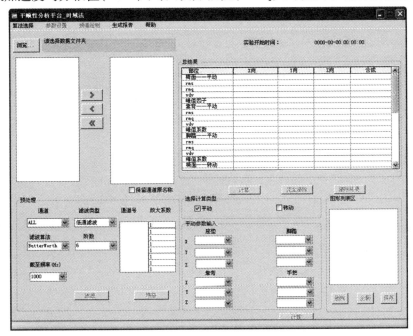

图 3.7　时域法分析软件的界面

频域法处理试验数据时,同样先读取原始数据,对每个通道进行单位转换,同时进行滤波等设置。基本参数设置时,可以设定当前工况,并选择所测量的部位,然后选择不同加权系数所对应的通道,并设置好窗函数和窗的宽度,便可进行结果计算,各通道的加速度均方根值、加权振级等结果将显示在右上方区域,结果图形则显示在右下方区域,具体如图 3.8 所示。

按照时域法或频域法分析完试验数据后,可通过生成报告功能直接将计算结果保存为 drb 格式的文件,该格式的文件内容可直接复制到 Office 中,方便制作有针对性的试验报告。

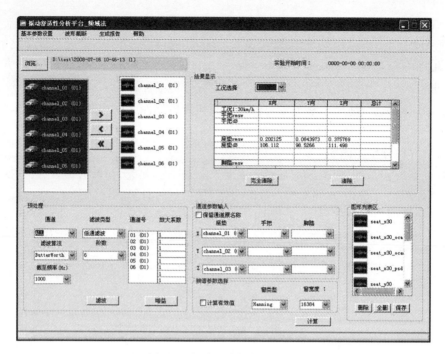

图 3.8　频域法分析软件界面

3.3　实车振动评价测试分析

因摩托车及全地形车的整车振动评价方法、测试过程及评价结果计算几乎是一样的。因此,以一款进口的全地形车及一款国产的全地形车为例,进行整车振动评价试验分析。

试验在国内某机场进行,机场路面状况一般,路面等级等同于 B 级路面。试验天气晴,温度 30 ℃左右,风速小于 3 m/s;全地形车运行状况符合试验要求(如轮胎气压、预热情况等),驾驶员体重在 75 kg 左右,乘骑人员为专职试车员,经验丰富。

根据振动评价方法的要求,实车试验车速为 30,40,50,60,70 和 80 km/h。

试验前该车速表采用高精度 GPS 进行校正,驾驶员通过观察车速表来控制车速。试验过程中,驾驶员通过观察车速表来控制车速通过稳速段,并通过开关控制采集起始时间来进行数据采集。

考虑到实际处理精度的要求,试验时采样频率为 2 000 Hz,采样时间为 60 s。采用频率法进行试验数据处理时,将数据按顺序分为 12 个独立样本,并且按照 50%重叠进行平均,加汉宁窗进行处理。频率分辨率为 0.2 Hz,满足要求。测试实景图如图 3.9所示。

图 3.9　测试实景图

3.3.1　进口全地形车整车振动定量评价分析

采用 3.2 部分的摩托车及全地形整车振动分析软件,对进口全地形车进行振动评价。其中,手把、坐垫和脚踏位置为人体振动范畴,采用时域法和频域法分析;而货架则直接计算振级。

由于采用时域法评价人体振动时需对峰值因子进行判断,这里提取各个车速下时域法分析时的峰值因子,具体见表 3.2—表 3.4,其中表 3.2 为进口车手把处的峰值因子,表 3.3 为进口车坐垫位置的峰值因子,表 3.4 为进口车脚踏位置的峰值因子。

表 3.2　进口车手把处的峰值因子

车速/(km·h⁻¹)	方　向		
	x	y	z
30	4.55	5.15	5.05
40	4.86	4.86	5.05
50	4.49	4.35	4.30
60	4.35	3.95	4.31
70	4.37	4.63	4.58

表 3.3　进口车坐垫位置的峰值因子

车速/(km·h⁻¹)	方　向		
	x	y	z
30	4.318 82	4.937 2	3.958 41
40	4.326 88	4.066 92	4.635 7
50	3.749 05	5.264 02	3.676 22
60	3.495 76	4.455 07	3.828 62
70	4.089 22	4.017 71	3.558 54

表 3.4　进口车脚踏位置的峰值因子

车速/(km·h⁻¹)	方　向
	z
30	3.68
40	4.13
50	4.68
60	4.00
70	3.47

由表 3.2—表 3.4 可知,进口全地形车峰值因子均小于6,采用加权振动进行评价合理。

频率法评价全地形车振动时,采用了 Welch 法和 AR 法分别代表经典谱估计和现代谱估计。

图 3.10 和图 3.11 分别给出了 50 km/h 时,手把处和坐垫处采用 Welch 法和 AR 法所得到的功率谱密度图。

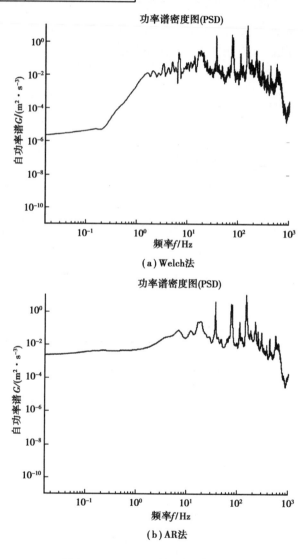

（a）Welch法

（b）AR法

图 3.10　50 km/h 手把处功率谱密度

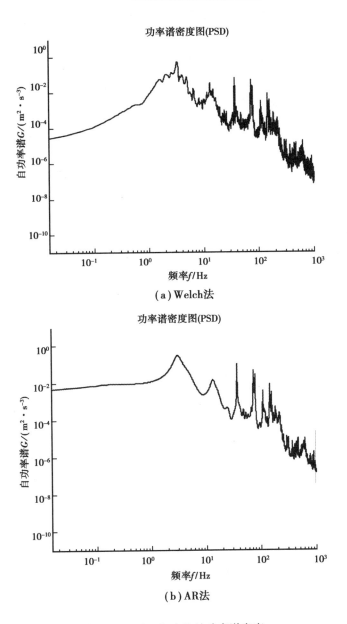

图 3.11　50 km/h 坐垫处功率谱密度

　　由图 3.10 和图 3.11 可知,Welch 法和 AR 法的功率谱密度趋势及幅值一致,但 AR 法比 Welch 法所得的曲线光滑,更易于分析频谱特性。

　　进口全地形车振动评价的结果见表 3.5 和表 3.6。其中表 3.5 为手把处、坐垫处和脚踏 Z 向的分析结果,表 3.6 为货架的分析结果。

表 3.5　手把、坐垫及脚踏振动评价结果

车速及方法		位　置								
		手把				坐垫				脚踏
		x	y	z	合成	x	y	z	合成	z
30 km/h	时域法	126.11	126.14	123.95	130.29	107.55	105.59	112.44	115.54	118.85
	Welch 法	126.10	126.15	123.99	130.29	107.67	105.80	112.47	115.63	119.10
	AR 法	126.12	126.13	123.97	130.29	107.40	105.33	112.46	115.45	119.09
40 km/h	时域法	125.35	126.54	124.90	130.42	106.36	103.05	112.27	114.67	119.54
	Welch 法	125.24	126.62	124.90	130.42	106.54	103.30	112.33	114.79	120.07
	AR 法	125.41	126.67	125.02	130.53	106.22	103.06	112.37	114.69	120.07
50 km/h	时域法	125.33	128.05	123.80	130.86	108.39	105.53	115.98	117.79	118.26
	Welch 法	124.95	127.92	123.53	130.64	108.46	105.37	115.99	117.79	117.92
	AR 法	125.00	127.85	123.55	130.61	108.25	105.34	115.92	117.70	117.88
60 km/h	时域法	127.66	130.83	125.42	133.31	109.96	106.94	119.85	121.00	120.86
	Welch 法	127.30	130.58	125.19	133.03	109.90	106.92	119.77	120.92	120.70
	AR 法	127.45	130.61	125.19	133.09	109.76	106.92	119.86	120.97	120.73
70 km/h	时域法	127.43	129.06	124.38	132.13	110.02	107.67	119.84	121.06	122.10
	Welch 法	127.46	129.11	124.47	132.18	109.89	107.65	119.77	120.98	122.29
	AR 法	127.51	129.10	124.47	132.19	109.84	107.67	119.87	121.05	122.35

表 3.6　货架振动评价分析结果

车速/ (km·h⁻¹)	位　置							
	前货架				后货架			
	x	y	z	合成	x	y	z	合成
30	138.65	133.59	136.72	141.56	135.73	134.78	137.48	140.91
40	139.75	135.79	139.22	143.35	135.10	139.02	140.19	143.36
50	140.43	135.13	140.24	143.96	138.81	135.51	144.64	146.05
60	142.63	137.43	141.89	145.95	140.81	141.22	144.15	147.10
70	143.99	137.04	142.19	146.69	140.23	138.71	143.69	146.16

由表 3.6 可知,评价人体振动时,时域法、Welch 频域法和 AR 频域法 3 种方法所计算的结果相差非常小,均可用于评价整车的振动。

参照 ISO 2631 的振动分级标准,该款进口全地形车座位处在 60 km/h 以下时,保持舒适状态,高于 60 km/h 时不舒适。

手把及脚踏处加权振级高速情况下明显变差,手把处在 60 km/h 时出现最大值 133 dB。脚踏 z 向在 70 km/h 时加权振级大于 122 dB。前后货架处总振级均较大,且 z 向振动明显比 x 向和 y 向大。

3.3.2　国产全地形车整车振动定量评价分析

采用同样的方法对国产全地形车进行振动评价。国产全地形车各个车速下时域法分析时的峰值因子见表 3.7—表 3.9,其中表 3.7 为国产车手把处的峰值因子,表 3.8 为国产车坐垫处的峰值因子,表 3.9 为国产车脚踏位置的峰值因子。

表 3.7　国产车手把处的峰值因子

车速/(km · h⁻¹)	方　向		
	x	y	z
30	5.056 31	5.259 03	4.480 52
40	4.974 86	4.285 37	4.921 17
50	4.333 76	5.148 166	4.951 27
60	4.461 57	4.549 69	4.594 18
70	4.549 04	4.904 86	5.017 66

表 3.8　国产车坐垫处的峰值因子

车速/(km · h⁻¹)	方　向		
	x	y	z
30	5.588 71	4.642 16	3.404 29
40	4.087 03	3.770 2	4.044 7
50	3.731 68	4.162 12	3.434 4
60	4.154 08	4.494 17	3.468 88
70	4.140 97	4.792 75	4.324 78

表 3.9　国产车脚踏位置的峰值因子

车速/(km·h⁻¹)	方　　向
	z
30	3.872
40	3.493 04
50	3.430 34
60	3.870 05
70	3.935 46

由表 3.7—表 3.9 可知,国产全地形车峰值因子和进口全地形车一样,均小于 6,采用加权振动进行评价较合理。

与进口全地形车分析一样,图 3.12 和图 3.13 分别给出了 50 km/h 时,手把处和坐垫处采用 Welch 法和 AR 法所得到的功率谱密度图。

由图 3.12 和图 3.13 可知,和进口全地形车分析结果一致,即 Welch 法和 AR 法的功率谱密度趋势及幅值一致,但 AR 法比 Welch 法所得的曲线光滑,更易于分析频谱特性。

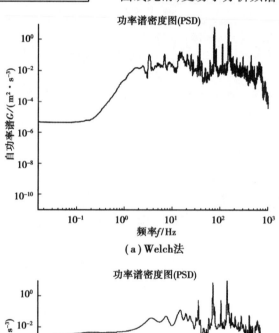

（a）Welch法

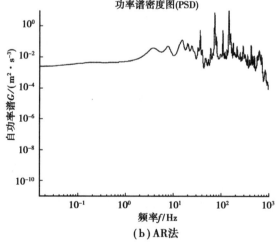

（b）AR法

图 3.12　50 km/h 手把处功率谱密度

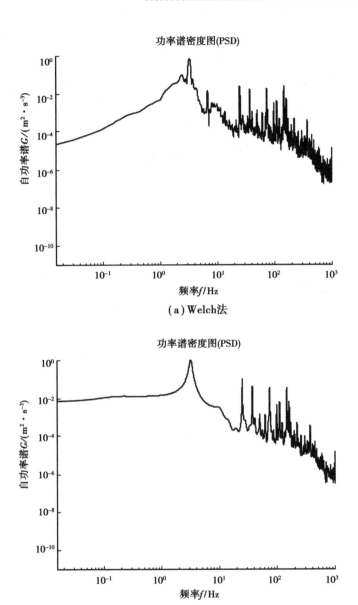

（a）Welch法

（b）AR法

图 3.13　50 km/h 坐垫处功率谱密度

　　国产全地形车振动评价的最终的结果见表 3.10 和表 3.11。其中,表 3.10 为手把处、坐垫处和脚踏 z 向的分析结果,表 3.11 为前后货架的分析结果。

　　由表 3.10 和表 3.11 可知,时域法、Welch 频域法和 AR 频域法在评价该款国产全地形车人体振动时,这 3 种方法所计算的结果相差非常小,均可用于评价全地形车的振动。

表 3.10　手把、坐垫及脚踏振动评价结果

车速及方法		位　置								
		手把				坐垫				脚踏
		x	y	z	合成	x	y	z	合成	z
30 km/h	时域法	125.23	124.04	125.16	129.62	107.11	104.77	112.68	115.38	117.31
	Welch 法	124.86	123.67	124.93	129.29	107.24	104.85	112.66	115.42	117.33
	AR 法	125.11	123.96	124.98	129.48	106.93	104.51	112.68	115.28	117.31
40 km/h	时域法	123.79	123.66	123.85	128.54	107.53	104.83	111.82	115.09	118.39
	Welch 法	124.10	123.77	123.57	128.59	107.73	104.77	111.63	115.06	119.05
	AR 法	124.17	123.77	123.66	128.64	107.57	104.53	111.87	115.07	119.07
50 km/h	时域法	124.77	125.19	122.81	129.15	109.73	106.13	115.95	118.18	120.00
	Welch 法	124.25	124.94	122.44	128.77	109.73	106.17	115.71	118.04	119.22
	AR 法	124.34	124.98	122.51	128.84	109.60	105.96	115.90	118.09	119.27
60 km/h	时域法	124.78	125.46	122.79	129.26	110.95	106.29	117.46	119.47	119.91
	Welch 法	124.50	125.24	122.46	129.00	110.99	106.21	117.46	119.47	119.74
	AR 法	124.60	125.33	122.61	129.10	110.78	106.22	117.48	119.43	119.73
70 km/h	时域法	126.66	125.93	122.70	130.18	112.05	105.44	118.35	120.28	119.41
	Welch 法	126.83	125.91	122.65	130.24	111.81	105.31	118.29	120.16	119.58
	AR 法	126.97	125.99	122.77	130.35	111.89	105.37	118.45	120.29	119.71

表 3.11　前后货架振动评价分析结果

车速 /(km·h⁻¹)		位　置						
	前货架				后货架			
	x	y	z	合成	x	y	z	合成
30	139.408	142.442	140.769	145.821 9	135.629	134.079	139.635	141.877
40	139.168	140.751	139.711	144.698 4	135.18	138.203	140.559	143.279 8
50	139.772	141.139	141.082	145.479 7	135.982	137.81	143.498	145.103 2
60	142.168	142.713	141.319	146.875 3	138.128	143.197	147.258	149.061 5
70	142.262	143.517	141.711	147.334 8	138.829	139.852	146.846	148.173 7

3.3.3　两款车振动评价对比分析

3.3.1 小节和 3.3.2 小节的分析结果表明,时域法、Welch 频域法和 AR 频域法在评价全地形车人体振动时,相差非常小。而时域法具备思路清晰且计算速度快的特点。因此,优先推荐使用。AR 法与 Welch 法相比,AR 法功率谱密度更光滑,更易于进行谱分析。因此,采用频域法评价时可优先考虑 AR 法。

因国产全地形车是以进口全地形车为标杆进行仿制的,这里为方便对比,将国产样车、进口标杆车的手把、坐垫、货架处振动评价结果进行对比分析,具体如图 3.14—图 3.18 所示,其中横坐标为车速。

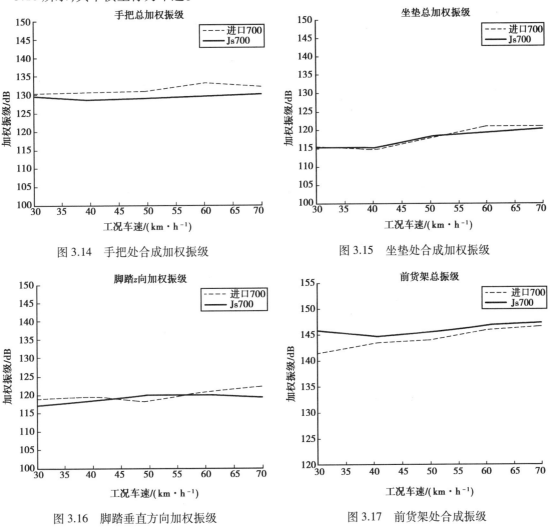

图 3.14　手把处合成加权振级　　　　　图 3.15　坐垫处合成加权振级

图 3.16　脚踏垂直方向加权振级　　　　图 3.17　前货架处合成振级

由图 3.14—图 3.18 可知,该两款全地形车整体振动水平相当。进口全地形车手把总加权振级略高于国产全地形车,且在 60 km/h 时出现较大峰值,并随车速提高增大趋势

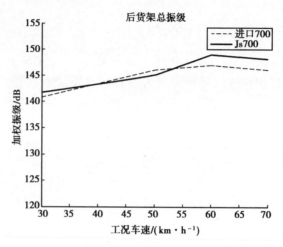

图 3.18　后货架处合成振级

明显。坐垫处两款全地形车舒适性相似,进口全地形车在 60 km/h 时同样出现峰值,高速时舒适度一般。进口全地形车脚踏垂直方向的加权振级在低、高速时要略大于国产全地形车,但在 50 km/h 却明显低于进口车。两款车前后货架处振级随车速增加有明显的增大趋势,但进口全地形车明显优于国产全地形车。

3.4　本章小结

本章建立了摩托车及全地形车整车振动定量分析评价平台,并搭建了硬件测试系统和开发了软件分析系统。完成了以下主要工作:

①按照振动评价方法的要求,结合现有的硬件设备,搭建了摩托车及全地形车整车振动评价的硬件平台。

②根据振动评价的特殊性和特殊要求,开发了振动分析后处理软件,能够和硬件系统很好地搭配,对摩托车及全地形车整车振动进行评价和分析。

③以进口全地形标杆车和国产原型车为例,进行了整车振动舒适性测试分析。分析结果表明,时域法、Welch 频域法和 AR 频域法在评价全地形车人体振动时,这 3 种方法所计算的结果相差非常小,均可用于评价全地形车的整车振动。

④两款全地形车的整车振动评价对比分析表明,两者整体振动水平相当,模仿开发的国产全地形车振动水平达标。

第4章

车架及车架挂发动机振动特性分析

摩托车及全地形车车架及车架挂发动机动态特性的好坏直接影响整车的振动大小。在介绍机械部件结构动态特性分析方法后,分别以某款摩托车和某款全地形车车架及车架挂发动机动态特性进行了深入分析。最后给出了改进摩托车及全地形车车架和车架挂发动机动态特性的实例。

4.1 结构动态特性分析方法

分析结构的动态特性,即通常所讲的模态分析,实际上就是求解模态参数的过程,有两种实现途径:

①解析法:即首先确定结构的几何形状、边界条件和材料特性,将结构的质量分布、刚度分布和阻尼分布分别用质量矩阵、刚度矩阵和阻尼矩阵表示出来,这样便可以确定系统的模态参数。

②实验法:从测量结构上某些点的动态输入力和输出响应开始,测量其频响函数矩阵,根据频响函数来估计模态参数。

解析法可以在系统的设计阶段进行,但是其精度、可靠性需要经实验验证;解析法也可以为实验法提供指导和帮助,因此两者可以互为指导、互为验证。这两种方法相结合可以很好地分析结构的动态特性,为工程服务。

4.1.1 解析法

结构动态特性分析中的解析法通常需要借助有限元法。有限元法是将连续的弹性体划分成有限多个彼此只在有限个点相联接的、有限大小的单元组合体来研究的;也就是用一个离散结构来代替原结构,作为真实结构的近似力学模型,以后的数值计算就在这个离散结构上进行。

(1)有限元的基本原理

有限元分析是将求解域看成由许多称为有限元的小的互连子域组成,对每一单元假定一个合适的近似解,然后推导求解这个域总的满足条件,从而得到问题的解。具体的理论过程大致可分为以下步骤。

1)连续区域的离散化

结构的离散化是有限元法分析的第一步,它将要分析的结构分割成有限个单元体,并在单元体的指定点设置节点,使相邻单元的有关参数具有一定的连续性,并构成一个单元的集合体,以它代替原来的结构。

2)构造插值函数(位移模式)

为了要用节点位移作为基本未知量,使能用单元节点位移表示单元内任意点的位移、变形和应力,就需要构造一个插值函数。根据所选定的插值函数,就可导出用节点位移表示单元内任一点位移的关系式,其矩阵形式为:

$$\{f\} = [N]\{\delta\}^e \tag{4.1}$$

式中　$\{f\}$——单元内任一点的位移矢量;

　　　$\{\delta\}^e$——单元的节点位移矢量;

　　　$[N]$——函数矩阵。

3)分析单元的力学特性

位移模式选定后,就可进行单元的力学特性分析,包括以下3个部分的内容:

①利用几何方程,由式(4.1)导出用节点位移表示单元应变的关系式为:

$$\{\varepsilon\} = [B]\{\delta\}^e \tag{4.2}$$

式中　$\{\delta\}^e$——单元内任一点的应变矢量;

　　　$[B]$——单元应变矩阵。

②利用本构方程,由式(4.2)导出用节点位移表示单元应力的关系式为:

$$\{\sigma\}^e = [D][B]\{\delta\}^e \tag{4.3}$$

式中　$\{\delta\}^e$——单元内任一点的应力矢量;

　　　$[D]$——与单元材料有关的弹性矩阵。

③利用变分原理,建立作用在单元上的节点力和节点位移之间的关系式,即单元的平衡方程。对结构的各个节点应用达朗贝尔原理建立式(4.4)的单元运动方程为:

$$[K]^e\{\delta(t)\}^e = \{Q(t)\}^e \tag{4.4}$$

式中　$\{\delta(t)\}^e$——单元节点动位移矢量;

　　　$\{Q(t)\}^e$——单元节点动载荷矢量;

　　　$[K]^e$——单元刚度矩阵。

其中$\{Q(t)\}^e$由两部分构成:一部分是作用在节点上的外激励力$\{F(t)\}^e$,另一部分是由结构振动产生的惯性力和阻尼力引起的等效节点动载荷$\{P_I(t)\}^e$和$\{P_V(t)\}^e$。根据以上分析,式(4.4)可变为:

$$[K]^e\{\delta(t)\}^e = \{F(t)\}^e + \{P_I(t)\}^e + \{P_V(t)\}^e \tag{4.5}$$

式中 $\{F(t)\}^e$——单元节点外激励力矢量;

$\{P_I(t)\}^e$——单元节点惯性力矢量;

$\{P_V(t)\}^e$——单元节点阻尼力矢量。

其中$\{P_I(t)\}^e$和$\{P_V(t)\}^e$的计算公式为:

$$\begin{aligned}
\{P_I(t)\}^e &= -\int_{V_e} [N]^T \rho \{\ddot{f}(t)\}^e dV \\
&= -\int_{V_e} [N]^T \rho [N] \{\ddot{\delta}(t)\}^e dV \\
&= -[M]^e \{\ddot{\delta}(t)\}^e
\end{aligned} \tag{4.6}$$

$$\begin{aligned}
\{P_V(t)\}^e &= -\int_{V_e} [N]^T \upsilon \{\dot{f}(t)\}^e dV \\
&= -\int_{V_e} [N]^T \upsilon [N] \{\dot{\delta}(t)\}^e dV \\
&= -[C]^e \{\dot{\delta}(t)\}^e
\end{aligned} \tag{4.7}$$

式中 ρ——结构材料的密度;

υ——结构的黏性阻尼系数;

$\{\ddot{f}(t)\}^e, \{\dot{f}(t)\}^e$——单元内任意一点的加速度、速度矢量;

$\{\ddot{\delta}(t)\}^e, \{\dot{\delta}(t)\}^e$——单元节点的加速度、速度矢量;

$[M]^e$——单元质量矩阵;

$[C]^e$——单元阻尼矩阵。

将式(4.6)、式(4.7)代入式(4.5),即可得到式(4.8)。

$$[K]^e\{\delta(t)\}^e + [M]^e\{\ddot{\delta}(t)\}^e + [C]^e\{\dot{\delta}(t)\}^e = \{F(t)\}^e \tag{4.8}$$

4)计算等效结点力

结构经过离散化后,假定力是通过节点从一个单元传递到另一个单元的,但是作为实际的连续体,力是从单元的公共边界传递到另一个单元的。因而就要用等效的节点力来替代所有作用在单元上的力。替代方法是按照作用在单元上的力等效为节点力,在任何虚位移上的虚功都相等的原则进行。

5)整体分析

整体分析,即集合所有单元的刚度方程,主要包括以下4个方面:

①由单元刚度矩阵$[K]^e$集合成整体刚度矩阵$[K]$；

②由单元质量矩阵$[M]^e$集合成整体质量矩阵$[M]$；

③由单元阻尼矩阵$[C]^e$集合成整体阻尼矩阵$[C]$；

④将作用于各单元的单元节点外激励力矢量$F(t)^e$集合成总的外激励力矢量$\{F(t)\}$。

于是可得整个结构的刚度方程为：

$$[K]\{\delta(t)\} + [M]\{\ddot{\delta}(t)\} + [C]\{\dot{\delta}(t)\} = \{F(t)\} \qquad (4.9)$$

式中　$\{\delta(t)\}$——整体结构的节点位移矢量。

6）求解方程

这里以有限元计算结构动态特性为例，方程中的$[C]$和$\{F(t)\}$均为零，式(4.9)就变成了式(4.10)。

$$[M]\{\ddot{\delta}(t)\} + [K]\{\delta(t)\} = 0 \qquad (4.10)$$

对式(4.10)进行求解，即可得到系统的动态特性参数。

(2)解析法分析的一般步骤

利用有限元法对部件进行计算模态分析，其主要过程如下：

①首先借助三维建模软件(如 NX、CATIA)建立三维几何模型。

②利用有限元前处理软件(如 ANSA、Hypermesh、MSC.Patran)对几何模型进行前处理，即合理划分网格、形成计算模型，包括单元类型的选择、单元精度的确定、边界条件的定义以及材料属性的定义，建立有限元模型。

③将有限元模型导入求解器(如 MSC.NASTRAN、ABAQUS、ANSYS)进行计算。

④利用有限元后处理软件读入分析结果，检验、修改所建模型，并完成报告。

这一过程是往复、复杂的，有限元模型需要进行修改以保证其精度。建模时，既要如实地反映部件实际结构的力学特性，又要尽量采用较少的单元和简单的单元形态。

一般来说，解析法求模态的关键在于特征值的提取算法。MSC.NASTRAN 提供了9种算法，可分为以下 3 类：

①跟踪法(Tracking Method)：实质上是一种迭代法，首先将预估的特征矢量和特征值代入运动微分方程式，得到新的估算值，直到达到所需精度为止，满足精度的值即模态参数。

②变换法(Transformation Method)：即通过矩阵运算将运动微分方程式转换为$[A]\{\phi\} = \lambda\{\phi\}$，其中$[A]$为三角阵，这样一次求解可得全部特征值，适于维数小，元素满的矩阵。

③兰索斯法(Lanczos Method)：一种矢量正交化方法，是跟踪法和变换法的结合，在保证效率的同时也不会丢根，对大、中型问题非常适合，具有较好的性能优势，对于计算非常大的稀疏矩阵的几个特征值问题是最有效的。

对摩托车及全地形车车架进行计算机仿真分析的总体步骤是:利用 NX 3.0 或 CATIA 建立几何模型,采用 ANSA/Hypermesh/MSC.PATRAN 进行前处理以建立有限元模型,最后通过 MSC.NASTRAN 计算求解,借助 MSC.PATRAN 读取结果,进行后处理。

4.1.2　实验法

实验模态分析相当于将系统简化为只有几十个、几百个自由度的系统,在感兴趣的频率范围内提取若干阶模态,因此其测点的布置和激励点的选择很重要。其准确性还依赖于测试系统的硬件设备、数据分析处理方法以及操作人员的经验。

(1)基本理论

依据实验模态的原理,其关键性理论主要包括频响函数估计、模态参数估计及模态参数验证 3 个部分。

1)频响函数估计

按照频响函数的定义,在理想情况下它应满足:

$$\{X(f)\}_{N_o \times 1} = [H(f)]_{N_o \times N_i} \{F(f)\}_{N_i \times 1} \tag{4.11}$$

式中　$\{X(f)\}_{N_o \times 1}$、$\{F(f)\}_{N_i \times 1}$ ——响应加速度和激励力,在理想情况下输入和输出都没有噪声信号,但实际情况下输入和输出都还有噪声信号。频响函数有 3 种估计方法:

①H_1 估计,假定干扰噪声仅存在于响应信号中,且与输入信号无关,由于忽略了输入噪声,这是一种欠估计。

②H_1 估计,假定干扰噪声仅存在于输入信号中,且与响应信号无关,由于忽略了响应噪声,这是一种过估计。

③H_v 估计,同时考虑了输入噪声和响应噪声,但假设两者不相关,按照最小二乘原理、极小化误差矩阵的方法来估计频响函数,因此比 H_1 估计和 H_2 估计具有更高的精度。

2)模态参数估计

模态参数估计,或称为模态参数识别,有单自由度法和多自由度法,随着分析系统的改善,普遍采用多自由度分析法。识别方法也可分为时域法和频域法,时域法即以输入—输出信号的时间历程为根据的参数估计方法;频域法即以输入—输出信号在频域内的关系为根据的参数估计方法。

目前,时域分析法主要有 Ibrahim 时域法、多参考点最小二乘复指数法、特征系统实现算法以及时域直接参数识别法等;频域分析法主要有最小二乘频域法、结构系统参数识别、正交多项式法、频域直接参数识别及复模态指示函数。2004 年,LMS 公司又推出了一种 POLYMAX 方法,既适用于小阻尼,也适用于大阻尼、密集模态系统的参数识别,是目前最先进的处理算法之一。

3)模态参数验证

模态参数验证是对模态参数估计所得结果的正确性进行检验,主要手段有频响函数综合法和模态置信准则。

频响函数综合法是一种常用的方法,即从估计出来的模态模型综合而来的频响函数应与实测的频响函数在测量精度内一致。但是即使测量频响函数与重构频响函数之间匹配得很好,也不能保证模态参数估计得很好,这是由于,如果考虑的极点足够多的话,几乎任何频响函数都可以拟合得很好。

模态判定准则(Modal Assurance Criterion,MAC)表征了两个向量的线性相关性,值为1表明这两个向量在一个比例系数内是完全等同的;值为0则表明这两个向量不存在线性关系。模态判定准则可以评估同一组各估计模态的正确性,两个模态振型向量$\{\Psi\}_r$和$\{\Psi\}_s$之间的模态判定准则定义为:

$$\mathrm{MAC}(\{\Psi\}_r,\{\Psi\}_s) = \frac{|\{\Psi\}_r^{*\mathrm{T}}\{\Psi\}_s|^2}{(\{\Psi\}_r^{*\mathrm{T}}\{\Psi\}_r)(\{\Psi\}_s^{*\mathrm{T}}\{\Psi\}_s)} \tag{4.12}$$

如果是对同一个物理模型的估计,那么模态判定准则应当接近1;如果是对不同物理振型的估计,则模态判定准则应比较小。这是由模态振型的正交性决定的。对模态参数的两组不同估计,也可采用模态判定准则进行比较。

(2)实验法的基本步骤

实验模态分析由以下几个方面组成:一是建立试验装置,即固定试件、安装传感器、连接测试系统、校准等;二是数据采集,并估计频响函数或脉冲响应函数;三是系统识别,从测得的输入/输出数据中确定系统的振动特性;四是应该对分析结果进行验证,检验试验的准确性和可靠性。

结合摩托车及全地形车车体结构特点,搭建试验平台,测试系统框图如图4.1所示,整个测试系统包括以下几个部分:

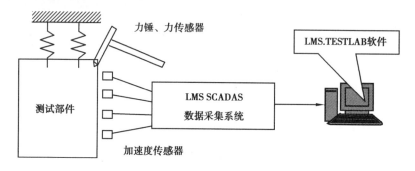

图4.1 测试系统框图

1)激励系统

模态试验必须有激励系统,它使试件产生某种振动,包括固定式激励系统和非固定式激励系统,常用的有激振器和力锤,前者能提供多种激励信号、工作频带较宽,但需要将其固定在试件上,而力锤的使用简单,但激励信号单一。由于全地形车的车架主要是钢管结构,激振器不易固定,因此采用力锤(图4.2)作为激励源。

2）测量传感器

对模态试验来说，需要测量激励力的信号和试件的加速度响应，以便求出频响函数。ICP 型压电式传感器采用了内置电路，由于具有低阻抗，又是电压输出，该装置对外部干扰不敏感。采用 ICP 型力传感器和加速度传感器（图 4.3），均能满足频率要求和动态范围要求。

图 4.2　力锤　　　　　　　　　图 4.3　加速度传感器

3）测量分析系统

测量分析系统包括 LMS SCADAS 数据采集前端、微机、LMS.TESTLAB 软件。数据采集前端采集信号到计算机，通过分析软件进行模态参数估计。

4）试件

比如全地形车的车架，对结构进行自由模态分析。因此，用较软的橡皮绳将车架吊起来，使其处于自由状态，如图 4.4 所示。

图 4.4　模态试验场景

搭建好试验平台之后，实验模态分析的关键就是模态参数识别，即根据激励信号和系统的响应信号求出频响函数矩阵或时间历程（即脉冲响应函数），再利用频响函数矩阵或时间历程估计出模态参数，如系统极点、振型等其他参数，再根据模型验证工具进行验证估计模态模型的准确性。

4.2 摩托车车架及车架挂发动机振动特性分析

4.2.1 摩托车车架振动特性分析

按照4.1的结构动态特性分析方法。先以某款摩托车为例进行结构动态特性分析。

根据二维设计图纸利用 UG4.0 建立的摩托车车架的几何模型。车架的有限元模型既要反映车架实际结构的力学特性,又要尽可能地减少单元的数目。因此,在建立车架的几何和有限元模型时应做如下考虑:

①几何模型简化:车架上布置了很多对结构特性没有影响的附件,但会使划分网格的工作量变大,求解时间变长,甚至影响模型的有限元划分质量,因此,需对模型进行合理的简化。

②该车架的主要结构为钢板、圆管,其厚度与长度和截面尺寸相比很小,因此用 MSC.NASTRAN 中的 shell 单元来离散车架结构,抽取模型各个部件的中面然后在 HYPERMESH 中进行面的缝合和修补。

③为保证模型的准确性和可靠性,同时兼顾计算效率,整体采用 quad4 单元。

④车架上一些部件是焊接在一起的,建模时忽略焊接的影响,直接用 shell 单元将各部件连接在一起。

⑤为保证模型的准确性,所划分的单元应满足一定的要求(斜度、翘曲度、边长比、雅可比等)。

将三维几何模型转化为 igs 格式导入 Hypermesh 中,完成有限元前处理,建立了有限元模型,有限元模型包含 34 011 个节点,30 911 个单元,其中 tria3 单元即三角形单元占比例为 4.3%。模型如图 4.5 所示。车架材料为优质碳素钢,弹性模量为 2.06E11 N/m^2,材料密度为 7 850 kg/m^3,泊松比 0.3。

图 4.5 车架有限元模型

将摩托车车架有限元模型导入 MSC.NASTRAN 中,采用兰索斯法计算车架的自由模态,即可提取前六阶模态参数,见表 4.1,振型如图 4.6—图 4.11 所示。

表 4.1 车架计算模态分析结果

阶 数	频率/Hz	振型描述
1	89.9	整体一阶上下弯曲
2	98.75	整体一阶左右弯曲,头部变形大
3	125.95	整体二阶左右弯曲
4	147.58	整体二阶上下弯曲
5	199.7	一阶左右扭转,尾部变形大
6	234.8	整体二阶左右扭转

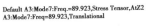

图 4.6 车架的一阶计算模态振型图

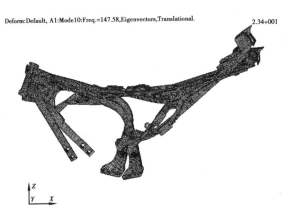

图 4.7 车架的二阶计算模态振型图

MSC.Patran 2005 15-Aug-08 11:38:36
Deform:Default, A1:Mode 9:Freq.=125.95,Eigenvectors,Translational.

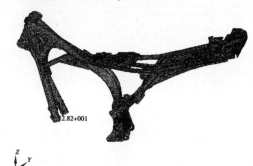

2.82+001

图 4.8　车架的三阶计算模态振型图

Deform:Default, A1:Mode 10:Freq.=147.58,Eigenvectors Translational

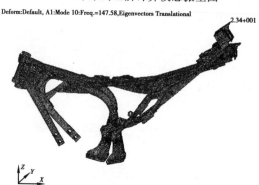

2.34+001

图 4.9　车架的四阶计算模态振型图

Deform:Default, A1:Mode11:Freq.=199.95,Eigenvectors, Translational

3.83+001

图 4.10　车架的五阶计算模态振型图

　　如上所述,在有限元建模过程中采用了许多假设和简化。因此,模型的准确性需要通过试验来验证。

　　对摩托车车架进行模态试验,首先应合理确定测点和激励点。测点的布置对实验结果的正确性有很大的影响,测点的布置原则为:布置在悬架支点、车架连接点和刚度变化较明显的点上;尽可能地使车架主梁布点均匀;另外,布点还应根据实验数据灵活地进行

Deform:Default,A1:Mode12:Freq.=234.88,Eigenvectors,Translational

1.80+001

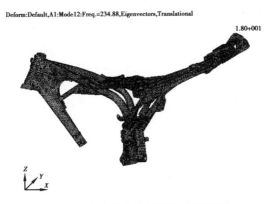

图 4.11　车架的六阶计算模态振型图

调整,以获得较精确的数据。激励点应能激起所关心频率范围内的模态,可以是多个激励点,也可以是一个激励点,车体布点图如图 4.12 所示。

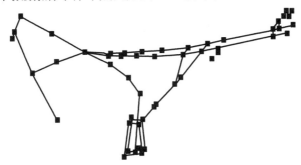

图 4.12　车体布点图

根据实测的激励信号和响应信号,按照 H_v 法来估计频响函数矩阵,在感兴趣的频率范围内借助稳态图,利用最小二乘复指数法识别系统极点,再利用最小二乘频域估计振型,然后通过模态置信准则来检验模态。

最小二乘复指数法是时域分析方法,脉冲响应函数由频响函数逆变换得到,为避免带外模态的影响,频响函数在所选频带的起始点和终止点的值应很小,实验得到的频响函数之和如图 4.13 所示。

最后估计得到实验模态振型的 MAC 矩阵,表 4.2 所示各阶之间的 MAC 都小于 10%,说明各阶模态的正交性较好,表明模态试验结果是比较准确的。

表 4.2　模态判定准则(MAC)

阶　次	频率/Hz	模型 1 86.911	模型 2 95.512	模型 3 121.303	模型 4 150.110	模型 5 187.911	模型 6 235.864
1	86.991	100.000	0.044	0.201	8.9	0.154	0.035
2	95.512	0.044	100	6.75	0.153	3.286	0.096

续表

阶　次	频率/Hz	模型 1 86.911	模型 2 95.512	模型 3 121.303	模型 4 150.110	模型 5 187.911	模型 6 235.864
3	121.303	0.201	0.153	100.000	0.013	1.056	0.494
4	150.110	8.9	3.286	0.013	100.000	0.011	0.012
5	187.911	0.154	0.098	1.056	0.011	100.000	0.061
6	235.864	0.035	0.249	0.494	0.012	0.01	100.000

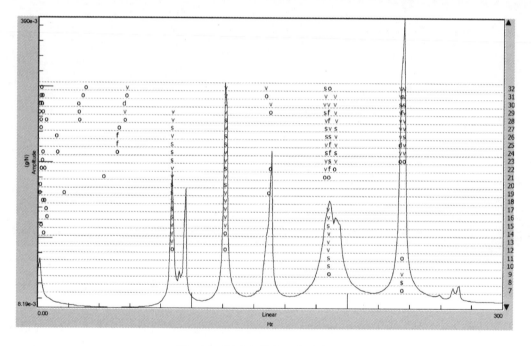

图 4.13　频响函数之和的稳态图

通过模态判定准则数值大小说明所估计的模态参数比较合理、准确。

车体的实验模态的振型图如图 4.14—图 4.26 所示,各阶振型描述如下:一阶模态为一阶上下弯曲;二阶为左右弯曲,头部变形明显;三阶模态为三阶左右弯曲;四阶模态为二阶上下弯曲;五阶模态为一阶左右扭转,尾部变形大;六阶模态为整体的二阶扭转。

对比车架的有限元模态分析可以看出,车架的计算模态振型和频率与车架的实验模态得到很好的吻合,说明车体模型的建立是比较准确的。

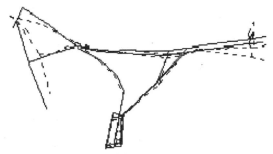

Mode1：86.990 7 Hz, 0.13%

图 4.14　车架的一阶实验模态振型

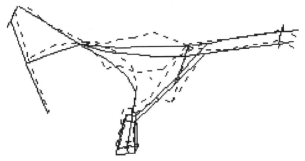

Mode2：95.511 6 Hz, 0.00%

图 4.15　车架的二阶实验模态振型

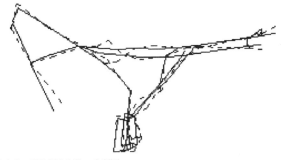

Mode3：121.303 2 Hz, 0.05%

图 4.16　车架的三阶实验模态振型

4.2.2　摩托车车架挂发动机振动特性分析

摩托车车架是整个摩托车的骨架,发动机是摩托车的动力源,也是主要激励源。与车架相比,质量大,对车架挂发动机的结构动态特性有很大的影响,因此应分析车架挂发动机的结构动态特性。

在建立车架挂发动机的有限元模型中,由于发动机模型结构复杂,且我们关心的频率是在 250 Hz 以内,发动机本身的模态对车架挂发动机的模态影响不大,但是发动机的

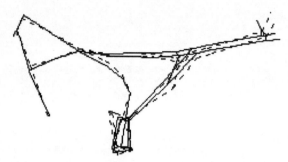

Mode4：150.109 8 Hz，0.01%

图 4.17　车架的四阶实验模态振型

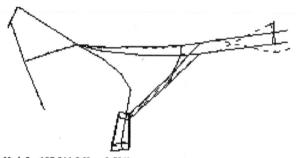

Mode5：187.911 2 Hz，0.52%

图 4.18　车架的五阶实验模态振型

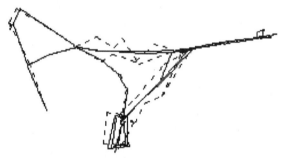

Mode6：235.864 4 Hz，0.03%

图 4.19　车架的六阶实验模态振型

转动惯量、质心位置、质量对车架挂发动机模态影响很大。在本书中,通过发动机的三维模型计算出发动机的转动惯量 I_{XX}、I_{YY}、I_{ZZ}。将发动机简化为一个质点,通过 NASTRAN 中 RBE2 将发动机与车架刚性地连接在一起,建立车架挂发动机有限元模型,如图 4.20 所示。

　　将车架挂发动机的有限元模型提交 MSC.NASTRAN 进行自由模态分析,利用兰索斯法提取前 6 阶模,见表 4.3,前 6 阶振型如图 4.21—图 4.26 所示。

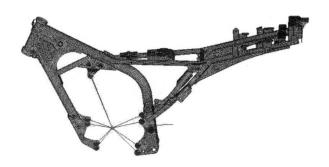

图 4.20　车架挂发动机的有限元模型

表 4.3　车架挂发动机计算模态分析结果

阶　　数	频率/Hz	振型描述
1	80.795	整体一阶左右弯曲
2	111.29	整体一阶上下弯曲
3	148.74	整体二阶左右弯曲,头部变形大
4	187.44	整体一阶扭转,尾部变形大
5	219.83	整体三阶弯曲,中部变形厉害
6	305.00	整体二阶左右扭转

Deform:A7:Mode 7:Freq=80.795, Eigenvectors,
Translational(NON–LAYERED)

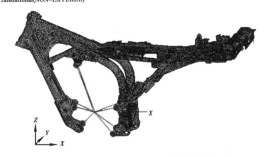

图 4.21　车架挂发动机一阶计算模态振型

比较车架和车架挂发动机的六阶振型可以看出,挂上发动机以后振型和频率都发生了明显的变化,车体的一阶振型由一阶上下弯曲变为左右弯曲,而二阶振型由左右弯曲变为上下弯曲。且一阶上下弯曲的频率由 89.9 Hz 提高到了 111.29 Hz,一阶左右弯曲频率由 98.75 Hz 下降到了 80.795 Hz。这是由于挂上发动机以后虽然车体的质量增加了,但是车架的上下弯曲刚度增加的效果更加明显,从而提高一阶上下弯曲的频率;左右弯曲频率的降低是发动机的质量的影响大于其刚度的影响。从而可以看出,发动机对车体

Deform:DEFAULT.SC1,A7:Mode 8:Freq.=111.29,
Eigenvectors, Translational

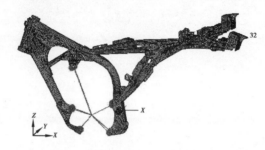

图 4.22 车架挂发动机二阶计算模态振型

Deform:DEFAULT.SC1,A7:Mode 9:Freq.=148.74,
Eigenvectors,Translational.

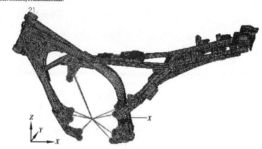

图 4.23 车架挂发动机三阶计算模态振型

MSC.Patran 2005 15–Aug–08 11:28:46
Deform DEFAULT.SC1,A7:Mode 10:Freq.=187.44,
Eigenvectors, Translational

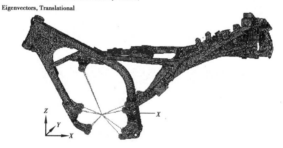

图 4.24 车架挂发动机四阶计算模态振型

的结构动态特性有很大的影响。

车架挂发动机总成实验模态测点布置如图 4.27 所示。根据实测的激励信号和响应信号,按照 H_v 法估计频响函数矩阵,在感兴趣的频率范围内根据稳态图(图 4.28),利用 polymax 模态识别法识别系统极点,估计振型。

车架挂发动机的实验模态振型如图 4.29—图 4.34 所示,各阶模态振型描述如下:一阶模态振型为整体一阶左右弯曲;二阶模态振型为整体一阶上下弯曲;三阶模态振型为

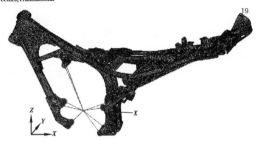

MSC.Patran 2005 15-Aug-08 11:29:37
Deform: DEFAULT.SC1,A7:Mode 11:Freq.=219.83,
Eigenvectors,Translational

图 4.25 车架挂发动机五阶计算模态振型

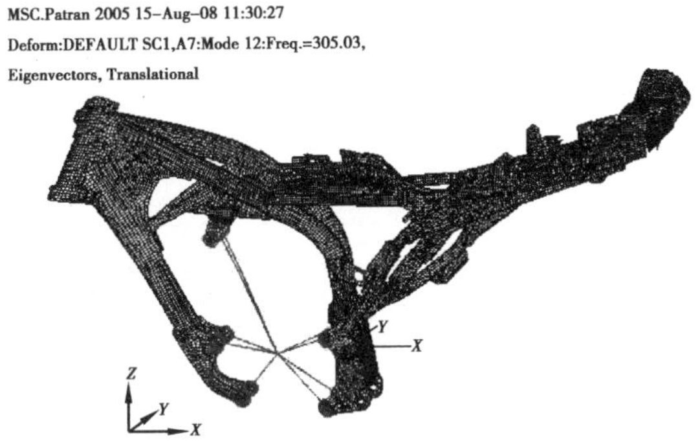

MSC.Patran 2005 15-Aug-08 11:30:27
Deform:DEFAULT SC1,A7:Mode 12:Freq.=305.03,
Eigenvectors, Translational

图 4.26 车架挂发动机六阶计算模态振型

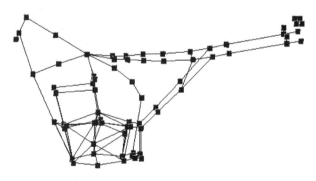

图 4.27 测点布置图

整体二阶左右弯曲,头部变形明显;四阶模态振型为整体一阶扭转,车架尾部变形厉害;五阶模态振型表现为整体三阶弯曲,车架中部变形厉害;六阶模态振型为整体二阶左右扭转。

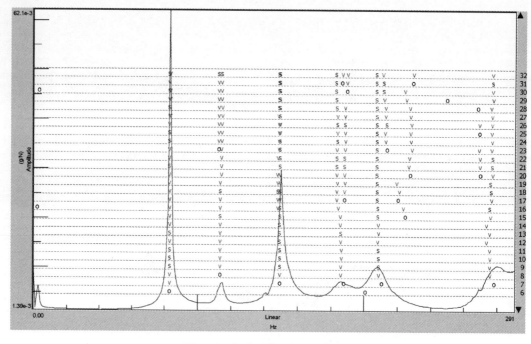

图 4.28 频响函数之和的稳态图

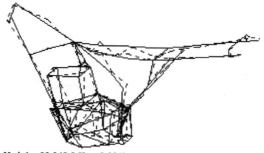

Mode1：83.348 9 Hz，0.02%

图 4.29 车架挂发动机的一阶计算模态振型

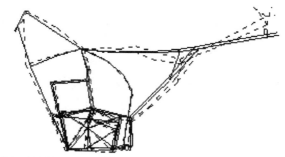

Mode2：114.627 4 Hz，0.37%

图 4.30 车架挂发动机的二阶计算模态振型

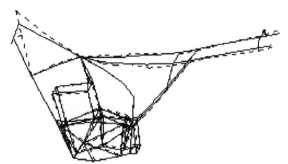

Mode3：149.539 0 Hz，1.20%

图 4.31　车架挂发动机的三阶计算模态振型

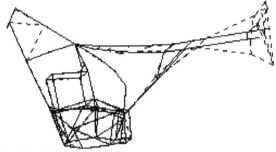

Mode4：187.465 5 Hz，0.55%

图 4.32　车架挂发动机的四阶计算模态振型

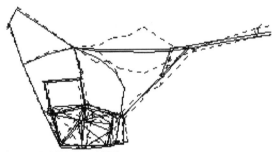

Mode5：210.445 1 Hz，1.87%

图 4.33　车架挂发动机的五阶计算模态振型

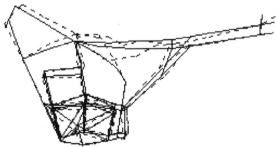

Mode6：280.415 6 Hz，1.19%

图 4.34　车架挂发动机的六阶计算模态振型

对比车架挂发动机计算模态和实验模态结果可以看出,它们之间的差别很小,最大的频率差别低于10%,说明车架挂发动机有限元模型的建立是比较准确可靠的。

4.2.3 车体结构模态分析对比

表4.4、表4.5分别列出了摩托车车架和车架挂发动机的计算模态分析与实验模态分析对比,可以看出它们之间的差别很小,最大的频率误差为8.7%,小于10%。因此,可以说明车体的有限元模型的建立是比较准确的,能够反映车体的结构动态特性,可以运用所建立的有限元模型进行后续的结构动态特性分析与改进。

表4.4　车架模态实验分析和仿真对比

阶　数	模态频率/Hz		差　值	相对误差/%
	实验模态	计算模态		
1	86.99	89.9	2.91	3.34
2	95.5	98.75	3.25	3.4
3	121.3	125.95	4.65	3.8
4	150.1	147.58	−2.52	−1.6
5	187.9	199.7	11.8	6.27
6	235.86	234.8	−1.06	−0.4

表4.5　车架挂发动机模态实验分析和仿真对比

阶　数	模态频率/Hz		差　值	相对误差/%
	实验模态	计算模态		
1	83.3	80.795	−2.5	−3
2	114.63	111.29	−3.34	−2.9
3	149.54	148.74	−0.8	−0.5
4	187.47	187.44	−0.03	0
5	210.45	219.83	9.38	4.5
6	280.4	305	24.6	8.7

尽管解析法的结果与实验结果较吻合,但是它们之间还是存在一定差异,这是因为:

①仿真没考虑阻尼,而实验模态假定阻尼为黏性阻尼,为复模态。

②计算模态节点数较多,而实验模态只有几十个节点,是不完整模态估计,二者肯定

有差异。

③由于实验过程中数据采集、处理所产生的误差;实验中力锤的敲击方向的一致性对结果的影响;计算模态分析中有限元建模产生的误差。

4.3　全地形车车架及车架挂发动机振动特性分析

4.3.1　车架振动特性分析

参照 4.1 中解析法及实验法中的基础理论与步骤来分析全地形车的车架动态特性。

解析法分析时,根据扫描得到的车架三维模型,结合车架实际特点建立有限元模型。采用 Hypermesh 软件进行有限元前处理,采用 MSC.NASTRAN 进行有限元计算,后处理则采用 MSC.Ptran 和 Hyperview。

车架解析模态主要关注的是其纵梁和横梁的固有频率和振型。考虑到发动机悬置、发动机支承座、座椅支承座、货架支承座以及前后悬架支承座等附件对车架的模态影响很小,因此车架有限元建模时忽略这些部件。

由于车架由多根纵梁、横梁铆接或焊接而成,管的厚度为 1.5~2.2 mm,因此,对车架采用 shell 面单元模拟,大小为 6 mm。横梁和纵梁之间多为点焊,用一维单元 REB2 模拟。最后得到车架有限元模型如图 4.35 所示。将建立好的有限元模型导入 MSC.NASTRAN 中,采用 Lanzos 法计算车架的自由模态,即可提取全地形车车架的前 6 阶模态参数。

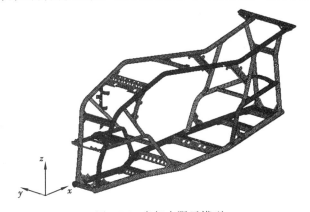

图 4.35　车架有限元模型

试验法分析时,采用的测试系统主要包括力锤、ICP 型加速度传感器、ICP 型力传感器、LMS SCADAS Ⅲ 数据采集前端、IBM 笔记本、LMS.TESTLAB 软件。

试验时,将全地形车车架用弹性橡皮绳悬挂起来,模拟自由状态。由于力锤的使用非常简单,不需要固定,而且车架主要是钢管结构,具有较好的线形特性,关心的频率范围集中在 300 Hz 以内,因此采用力锤作为激励。加速度传感器则采用 ICP 型传感器,LMS SCADAS Ⅲ数据采集前端直接对其供电。

模态试验时,测点和激励点的选择对试验结果影响较大。实际测点布局时采取以下原则:

①将测点尽量布置在悬架支点、车架连接点和刚度变化较明显的点上。

②尽可能地使车架主梁布点均匀。

③布点还应根据试验数据灵活地进行调整,以获得较精确的数据。

④激励点应能激起所关心频率范围内的模态,可以是多个激励点,也可以是一个激励点。

根据多次预试验,并结合该全地形车车架结构特点,最后选定的试验测点布置图如图4.36所示,在整个车架上分布54个测点,以车架尾部43点的$-x$、$-z$和下底部31点$-y$为激励点,即多点激励多点输出(MIMO)。实测54个响应点3轴向的振动加速度响应。

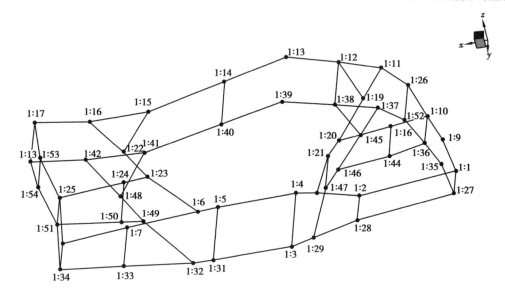

图4.36 车架测点布置图

由于关心的车架模态频率在300 Hz以下,因此,试验时分析频率定为1 024 Hz,采样时间为1 s。受硬件条件所限(16通道采集器,5个ICP传感器),试验分组进行,每组实验平均3次。

根据实测到的激励信号和响应信号,按照H_v法来估计频响函数矩阵,在感兴趣的频率范围内借助稳态图,利用Polymax法识别系统极点,再利用最小二乘频域法估计振型,然后通过频响函数综合和模态置信准则来检验模态模型。

试验得到的频响函数图如图4.37所示,2 Hz左右也有一个较小的峰值,那是车架和橡皮绳之间悬挂形成的刚体模态频率,而非车架自身的变形模态频率。该频率与车架一阶频率72.16 Hz相比,足以说明该悬挂方式满足车架的模特测试要求。

为验证实验法的可靠性,利用模态置信准则对试验结果进行判断。表4.6给出了车

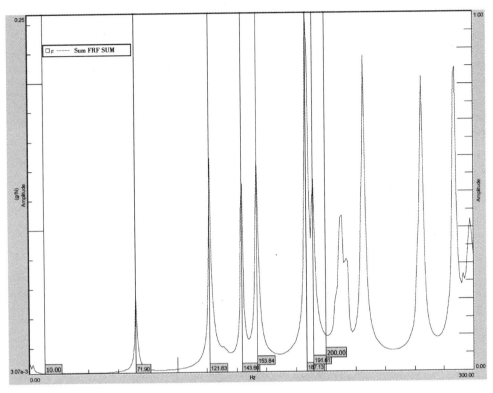

图 4.37　频响函数图

架的模态 MAC 表。为更形象地表现,用矩阵的形式表现,如图 4.38 所示。显然,MAC 表验证结果表明车架试验模态分析正确可靠。

表 4.6　车架 MAC 表

Mode.No&Fz	1&72.157	2&122.177	3&130.808	4&143.620	5&154.005	6&187.518
1&72.157	100.000	0.063	0.194	0.029	1.086	0.166
2&122.177	0.063	100.000	0.867	0.382	0.118	0.052
3&130.808	0.194	0.867	100.000	0.432	0.615	1.841
4&143.620	0.029	0.382	0.432	100.000	0.892	1.637
5&154.005	1.086	0.118	0.615	0.892	100.000	1.007
6&187.518	0.166	0.052	1.841	1.637	1.007	100.000

　　表 4.7 列出了解析法和试验法的分析结果,模态频率的相对误差及振型表明二者频率接近,而且振型一致。该误差完全满足工程参考要求。同时也证明了车架建模准确,可进一步用来分析车架弹性挂发动机结构的动态特性。

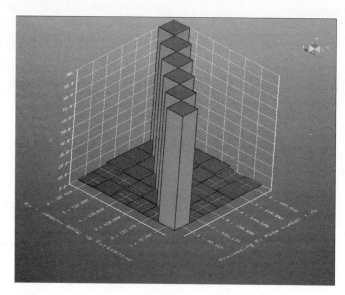

图 4.38　车架 MAC 矩阵图

表 4.7　车架模态分析结果

阶数	模态频率/Hz		相对误差/%	模态振型
	实验模态	计算模态		
1	72.16	74.17	2.8	左右扭转振动
2	122.2	118.3	3.2	上下弯曲振动
3	130.8	127.6	2.5	左右摆动
4	143.6	143.7	0.1	二阶上下弯曲
5	154.0	145.1	5.8	左右扭转+上下弯曲

4.3.2　车架挂发动机振动特性分析

车架挂发动机是整车的关键部件,其动态特性对驾驶员的舒适性及前后货架位置振动大小影响很大。由于发动机三维模型建立难度较大,而对其进行网格划分难度就更大,因此,用解析法分析车架挂发动机震动特性时有必要对发动机进行简化模拟,而实验法分析则相对容易。

从 4.1.1 中解析法的理论计算过程可知,其中质量矩阵、刚度矩阵以及阻尼矩阵决定了计算结果的精度。阻尼矩阵与材料的基本特性相关,进行发动机简化时可不做重点考虑。因此质量矩阵和刚度矩阵是必须着重考虑的,质量矩阵中主要是质量参数,相对比较简单,而刚度矩阵则相对复杂。整体质量矩阵由单元刚度矩阵组成,而杆系等多种结构的单元刚度矩阵表明,单元刚度矩阵主要参数包括单元的长度、面积及转动惯量等。而转动惯量参数又与质心相关。因此,在对发动机进行简化模拟时必须考虑的参数有其质量、质心以及转动惯量参数。发动机的转动惯量参数可通过试验获得。

(1)发动机转动惯量的测量

为克服扭摆法、复摆法等传统测量或识别刚体惯性参数方法的一些缺点,如测试过程复杂、困难、耗时长,对于大型、复杂结构的测试更是困难重重,且这些方法的实验误差较大。本书采用基于模态试验的频响函数中的质量线来识别全地形车动力总成的惯性参数。利用 LMS 刚体特性分析模块中的质量线法进行分析。实验过程同模态试验。理论上该方法识别部件惯性参数至少要 2 个激励点和 6 个响应点,但工程测试识别建议使用至少 6 个包括 X、Y、Z 三向的激励和至少 8 个包括 X、Y、Z 三向的响应点。

图 4.39 为某全地形车发动机最终选取的质量线频率段,为 33.7 ~ 141.84 Hz。采取该方法最终识别某 700CC 全地形车发动机的质心位置及惯性参数,见表 4.8。其中质心坐标是在全地形车整车坐标系下识别出的。

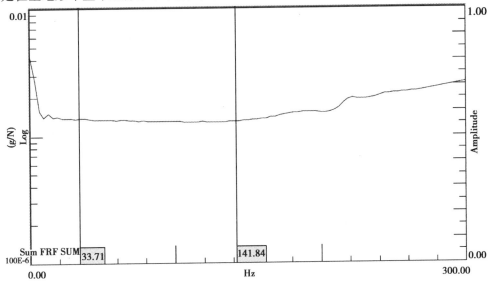

图 4.39　选取质量线频带

表 4.8　全地形车惯性参数

发动机型号	质量/kg	质心坐标/mm			转动惯量/(kg·m²)		
		X_c	Y_c	Z_c	J_{cx}	J_{cy}	J_{cz}
700CC	67.2	−149.8	31.1	208.9	1.609 6	1.234 4	1.444 0

为找到车架挂发动机有限元建模过程中发动机的简化模拟方法,进行一个模拟仿真分析。将发动机当作一个复杂的形体,考虑这个复杂形体质心、转动惯量等因素的影响。

（2）简化模拟仿真分析

为模拟全地形车车架挂发动机有限元建模时发动机的简化处理方法，这里进行一个简单的模拟仿真试验，将发动机以复杂形体代替。具体的模拟方案如下所述。

在 HyperMesh 中建立悬臂梁，并将一端固联一个形状不规则的复杂形体，具体模型如图 4.40 所示。在图 4.40 的基础上做如下 3 种简化方案建立有限元模型。

图 4.40　构造的模拟仿真模型

①方案 A：将不规则复杂形体简化成具有相同质量及质心的 0 维质量单元，并将 0 维质量单元和梁用 mpc 连接，如图 4.41（a）所示。

②方案 B：将复杂形体简化成具有相同质量、质心及相同转动惯量的 0 维质量单元，并将 0 维质量单元和梁用 mpc 连接，如图 4.41（b）所示。

③方案 C：将复杂形体简化成具有相同质量、质心及转动惯量的简单形体，如长方体。但该例中由于简化为长方体后，尺寸发生了变化，悬臂梁和复杂形体需要进行模拟连接。为了不改变连接方式，将复杂形体简化为只有两块长方体组合而成的质量块，如图 4.41（c）所示。

(a)方案A　　　　　　　　　(b)方案B　　　　　　　　　(c)方案C

图 4.41　复杂形体简化处理方案有限元模型

方案 A 与方案 B 相比，方案 B 在方案 A 的基础上增加了转动惯量参数。而方案 C 则是在方案 B 的基础上，保证质量、质心及转动惯量不变的条件下，将 0 维质量单元替换为三维简单形体。

将有限元模型导入 MSC.NASTRAN 进行计算，得到仿真模型及 3 种方案的有限元计算结果，见表 4.9，其中 1 阶至 5 阶振型分别为一阶竖直弯曲（z 向）、一阶水平弯曲（y 向）、一阶扭转、二阶竖直弯曲（z 向）、二阶水平弯曲（y 向）。

表 4.9　原模型及模拟方案模态计算结果

名　称	1 阶	相对误差/%	2 阶	相对误差/%	3 阶	相对误差/%	4 阶	相对误差/%	5 阶	相对误差/%
原模型	18.7	—	31.6	—	157.2	—	261.0	—	420.4	—
方案 A	18.8	0.5	31.9	0.9	—	—	372.3	42.6	628.7	49.5
方案 B	18.7	0	31.7	0.3	159.7	1.6	264.4	1.3	427.4	1.7
方案 C	18.7	0	31.6	0	158.1	0.6	262.9	0.7	424.0	0.9

模拟结果显示,从相对误差来看,方案 C 和原模型相比,连接方式不变且尺寸和截面积最相似,故方案 C 的简化模拟计算结果与原模型最接近;方案 B 与原模型拥有相同的质心、质量及转动惯量,简化模拟结果次之;而方案 A 则完全不正确,不但漏了第三阶频率,而且第四阶和第五阶结果误差非常大。

很明显,转动惯量对分析结果的影响较大,考虑了转动惯量后,计算结果能达到工程应用参考标准。因此在实际工程应用中,可借鉴以上分析结果来对复杂形体进行简化模拟。

参考模拟仿真的结果,将发动机简化为相同质心、质量及转动惯量的长方体。利用之前测量获得的发动机惯性参数,并根据刚体等效原则:质心位置不变、质量不变、转动惯量不变。发动机可等效为长、宽、高分别为 110,142,126 mm,密度为 3.4×10^{-8} ton/mm^3,质心位置在 $-149.8, 31.1, 208.9$ mm 的长方体中进行有限元的仿真模拟。

采用已经验证准确和可靠的车架有限元模型,以 MSC.NASTRAN 中的 SPRING 单元将发动机与建立在车架上的 MPC 单元连接来模拟车架弹性挂发动机的状态,进而建立有限元模型。图 4.42 为某全地形车车架挂发动机最终建立的有限元模型。

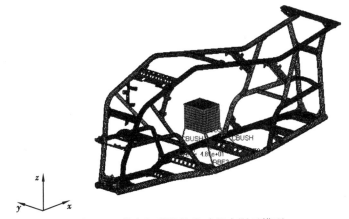

图 4.42　某车架弹性挂发动机有限元模型

根据厂方提供的悬置件参数,对 SPRING 单元 K_x、K_y、K_z 的刚度分别赋值。将建立的车架弹性挂发动机有限元模型导入求解器进行自由模态求解即可得到解析法的结果。

用试验法分析车架挂发动机动态特性时,应合理确定测点和激励点。根据多次预试验,并结合该全地形车结构特点,最后选定的试验测点布置图如图 4.43 所示,在整个车体上分布 65 个测点,以 29 点–Y 向(车体中下位置)、43 点–Z 向(车体尾部)、55 点 Y 向(发动机上)、57 点–Z 向(发动机上)为激励点。

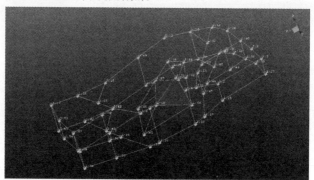

图 4.43　车架挂发动机测点布置图

这里主要关心车架的低频频率,因此试验中分析频率为 1 024 Hz,采样时间为 1 s。受硬件条件所限(16 通道采集器,5 个 ICP 传感器),试验分组进行。力锤激励为脉冲信号,每组试验平均测试 3 次。

根据实测到的激励信号和响应信号,按照 H_v 法来估计频响函数矩阵。试验得到的频响函数图如图 4.44 所示。在感兴趣的频率范围内借助稳态图,利用 Polymax 法识别系统极点,再利用最小二乘频域法估计振型,然后通过频响函数综合和模态置信准则来检验模态模型。

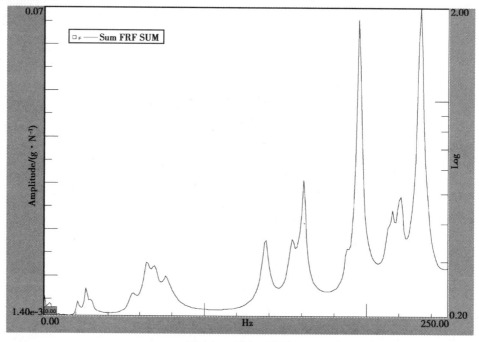

图 4.44　频响函数图

同样,模态试验结果需要进行验证,仍然采用模态置信准则对试验结果进行判断,矩阵显示如图 4.45 所示。从 MAC 表中可看出,测试结果准确、可靠。

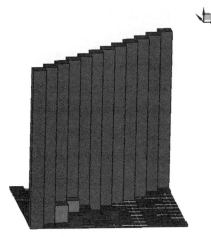

图 4.45　车体模态分析 MAC 表

表 4.10 为采用有限元法和实验法对某全地形车车架弹性挂发动机结构动态特性进行分析的结果。通过对比有限元法和实验法的结果可知,全地形车车架挂发动机模拟建模方法正确,与试验法结果误差较小,满足工程参照要求,可用于全地形车的开发。

表 4.10　车架弹性挂发动机模态分析结果

阶　　次	模态频率及相对误差			模态振型
	实验模态/Hz	解析模态/Hz	相对误差/%	
1	76.90	78.50	2.1	一阶左右弯曲
2	137.1	132.2	3.6	一阶上下弯曲
3	154.0	151.9	1.4	尾部较大变形
4	161.0	156.5	2.8	一阶扭转
5	194.9	190.7	2.2	二阶上下弯曲

4.4　振动特性改进实例

4.4.1　实例一

摩托车行驶过程中,主要受到发动机与路面的激励。发动机激励通过悬置件传递给车架,路面激励通过轮胎、悬架系统传递给车架,驾驶员通过脚踏、坐垫、手把感受激励产生的振动,因此摩托车车体的结构动特性必须具有与车架相适应的力学特性。

摩托车行驶过程中,会受到路面的激励。如果车体的固有频率与激励频率相耦合,可能引起车体的共振,从而使整车振动剧烈,影响舒适性,甚至产生局部破坏等。

对于路面激励,车速越高,所能产生的时间频率就越高。以本款摩托车的最高车速80 km/h为准,假设路面不平度波长为最小值0.32,求得路面有可能产生的最高激励频率为:$f=v/(3.6 \times \lambda) = 80/(3.6 \times 0.32)$ Hz$\approx$69.4 Hz。为了适应各种路面,这就是车体的固有频率的最低限值。该摩托车车体的最低固有频率为80.8 Hz左右,因此不会产生共振。而且摩托车在一般路况下不会以最高车速行驶,因此路面激励不会引起车体共振。

发动机的激励源于曲柄连杆机构所产生的作用力和力矩,包括往复惯性力、旋转惯性力、气体作用力与曲轴扭矩相反的翻倒力偶矩,其中,气体作用力在发动机机体上互相抵消,只使机体产生拉伸或压缩应力,并不会传递到机体之外的支架上,而发动机的旋转惯性力也是通过平衡质量进行平衡,因此传递到车架上的只有往复惯性力和翻倒力偶矩。

翻倒力偶矩由发动机气体作用力和往复惯性力产生,往复惯性力和气体作用力也是主要激励源。

该车发动机的常用工作转速为3 000~7 500 r/min,所以发动机的一阶往复惯性力频率为:50~125 Hz。发动机的激励频率覆盖了车架挂发动机的前二阶模态频率,而且一阶弯曲模态频率111.3 Hz正好在这个范围。因此。当发动机的一阶往复惯性力的频率与车体的频率同步时,可能引起车体共振。为了改善该摩托车的振动舒适性,必须对其结构进行适当的改进。

车架刚度对车体的固有频率影响很大,要提高车架的抗振能力提高车体的模态频率,必须从提高车架的刚度入手。影响车架刚度的因数很多,包括车架的结构形式、管件的几何参数和截面形状、车架的材料等。

车架的刚度对车架的固有频率影响很大,要提高车架的抗振能力,减少对外界激励的响应就要从提高车架的刚度着手。

车架结构修改明细见表4.11,改后车架的有限元模型如图4.46所示。

表4.11　构件改进明细表

构　件	支撑管(管径×管壁厚)/mm	尾部加强管(管径×管壁厚)/mm
原型	ϕ25×2.5	ϕ16×2
改进型	ϕ25×4.0	ϕ20×2

将改后的模型进行自由模态分析,提取其前六阶模态。将它与原车架挂发动机的模态进行对比,见表4.12,可以看出,改进前后六阶振型相似,但是相应的各阶模态频率都

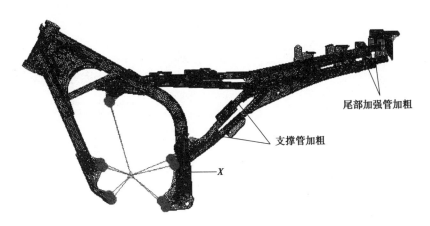

尾部加强管加粗

支撑管加粗

X

图 4.46   改进的车架挂发动机有限元模型

升高了,四阶振型中尾部变形也减小了,振型得到了改善,这是因为支撑管厚度增加以后,车体的整体刚度得到了提高,从而提高了车体的频率。尾部的加强管的改进也改善了车架的振型。

表 4.12   改进前后车架挂发动机模态特性分析

阶　　次	频率/Hz	改进前车架挂发动机振型	频率/Hz	改进后车架挂发动机振型
1	80.8	整体一阶左右弯曲	98.4	一阶左右弯曲
2	111.3	整体一阶上下弯曲	137.7	一阶上下弯曲
3	148.7	整体二阶左右弯曲,头部变形大	165.2	二阶左右弯头部变形大
4	187.4	整体一阶扭转,尾部变形大	217.0	左右扭转尾部稍微变形
5	220.0	整体三阶弯曲,中部变形厉害	258.3	左右弯曲尾部变形明显
6	305.0	整体二阶左右扭转	325.4	左右扭转中部变形大

车体的二阶模态振型为上下弯曲,容易由发动机激励引起共振,因此对它进行分析。从图 4.47 中改前改后的车架挂发动机的二阶级振型可以看出,改进后车体的二阶模态频率由 111 提高到了 137,这是由于车架两边支撑管厚度的增加使车体的整体弯曲刚度提高从而提高了上下弯曲频率,使其避开了发动机的激励频率从而能够改善车体的结构动态特性。

改进前后车架挂发动机的四阶振型对比,如图 4.48 所示。

由图 4.48 可以看出,改进后的车架挂发动机的频率提高,尾部振动幅度降低了很多,这是由于尾部加强管的加粗使车架尾部刚度提高,从而使尾部扭转振型得到改善。

Deform:DEFAULT.SC1,A7:Mode 8:Freq.=137.73,Eigenvectors,Translational.

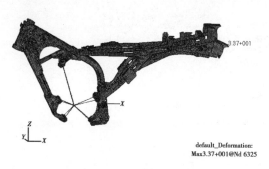

Deform:DEFAULT.SC1,A7:Mode 8:Freq.=111.29,Eigenvectors,Translational.

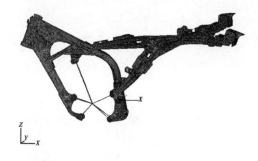

图 4.47　改进前后车架挂发动机的二阶振型对比

Deform:DEFAULT.SC1,A7:Mode 10:Freq.=222.16,Eigenvectors,Translational.

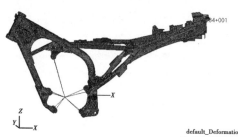

MSC.Patran 2005 15-Aug-08 11:28:46
Deform:DEFAULT.SC1,A7:Mode 10:Freq.=187.44,Eigenvectors,Translational.

图 4.48　改进前后车架挂发动机的四阶振型对比

4.4.2　实例二

某全地形车厂商需要对 3.3.2 中分析的全地形车进行加长改型。初步改型方案是将原车架尾部加长,以装载武器装备。

(1)车架动态特性分析

应用本章 4.1 中的分析方法,对改型的车架进行固有特性分析,结果见表 4.13。从表 4.13 的分析结果可知,计算模态和试验模态结果相差较小,分析结果正确可靠。

表 4.13　改型车架模态分析结果

阶　次	模态频率/Hz		相对误差/%	模态振型
	试验模态	计算模态		
1	66.7	66.8	0.1	左右扭转振动
2	111.2	106.8	4.0	左右摆动
3	114.8	107.2	6.6	上下弯曲振动
4	134.3	124.6	7.2	上下错动

续表

阶　　次	模态频率/Hz		相对误差/%	模态振型
	试验模态	计算模态		
5	125.5	127.6	1.7	二阶上下弯曲振动
6	164.5	157.9	4.0	二阶左右摆动

改型后的车架由于尾部加长,前六阶固有频率总体降低,尤其是最低固有频率和第一阶上下弯曲固有频率下降 10 Hz 左右,这说明改型方案对车架固有特性影响较大。

全地形车行驶过程中,车架在动载荷作用下工作,激励频率必须远离车架的固有频率以避免共振,从而提高行驶舒适性和平稳性。全地形车主要受路面不平度激励和发动机的往复惯性力激励,尤其是全地形车行驶路况比较复杂,同时还要保证必要的行驶速度,所以在考虑路面不平度激励时要比普通车辆范围大。

(2)激励分析

路面不平度激励引起车架的振动,与全地形车的行驶速度有关,当全地形车以速度 v 在路面不平度空间频率为 Ω 的路面上行驶时,输入的时间频率 f 为空间频率和行驶速度的乘积,即

$$f = v \times \Omega$$

我国不同路面的不平度波长的实测结果见表4.14。

表 4.14　不同路面的不平度波长

路　　面	未铺装路	碎石路	搓板路	平坦公路
路面不平度波长/m	0.77~2.5	0.32~6.3	0.74~5.6	1~6.3

由于全地形车的行驶路况复杂,因此选择波长范围最大的碎石路作为路面不平度的参考路面。在全地形车常用的最高车速 80 km/h 时,由路面不平度引起的最低、最高共振频率范围:

$$f_{\min} = \frac{v}{3.6 L_{\max}} = \frac{80}{3.6 \times 6.3} \ \text{Hz} \approx 3.5 \ \text{Hz}$$

$$f_{\max} = \frac{v}{3.6 L_{\min}} = \frac{80}{3.6 \times 0.32} \ \text{Hz} \approx 69.4 \ \text{Hz}$$

由全地形车车架改型前后的模态分析可知,标杆车架的最低固有频率为74.17 Hz,不会与路面不平度激励产生共振。而改型车架的最低固有频率为66.8 Hz,在路面不平度激励频率范围内,可能与路面激励产生共振,影响全地形车的行驶平顺性。因此,要对改型车架的结构进行适当修改以提高最低固有频率。

发动机工作时,由曲轴、连杆及活塞等的不平衡质量产生周期变化的惯性载荷,引起发动机受力不平衡。经分析可知,发动机传递到车架上的力主要是一阶惯性力和二阶惯性力,一、二阶惯性力的频率 f_1、f_2 的计算公式为:

$$f_1 = \frac{2nZ}{60\tau}, f_2 = 2f_1$$

式中　　Z——发动机缸数;

　　　　τ——发动机冲程数;

　　　　n——发动机转速。

该全地形车采用单缸四冲程的发动机,怠速转速为 1 400 r/min,最大输出扭矩转速为 5 000 r/min,最大输出功率转速为 6 000 r/min,最高转速为 6 800 r/min,由计算公式得发动机作用在车架上的激励频率,见表 4.15。

表 4.15　发动机作用在车架上的激励频率

工　况	怠　速	T_{max}	W_{max}	n_{max}
f_1/Hz	11.7	41.7	50	58.4
f_2/Hz	23.4	83.4	100	113.4

全地形车发动机采用竖向放置,可能与车架的上下弯曲模态产生共振。在该全地形车改型设计过程中,根据企业要求,要以原车架为目标,对改型车架进行优选,使其最低固有频率高于路面激励频率,一阶上下弯曲频率高于发动机激励频率。因此,要对改型车架的结构进行优选以提高固有特性,满足企业要求。

(3)改进方案

通过对改型车架的分析和评价,改型方案要保证车架的模态频率避开由车轮传来的路面不平度激励频率范围和发动机在高转速下所产生的惯性力的频率范围。同时,还要使车架的模态振型尽量平滑,避免发生突变。改型后的车架上纵梁变形较大,并且后半部分无横梁连接,导致刚度下降,一阶模态频率减小。为了提高改型车架的固有频率必须加强车架的横向刚度和上下弯曲刚度。

根据以上分析,结合改型前后车架的结构特点和固有特性分析结果对比,提出了对改型车架的4个优选方案,见表4.16,修改位置如图4.49所示。

表 4.16　改型车架方案

方　案	修改措施
方案一	添加横向支撑梁 A,将上下纵梁 B、C 厚度由 1.5 mm 增至 2.5 mm
方案二	添加横向支撑梁 A,将上纵梁 B 管径由 26 mm 增至 27 mm,将下纵梁 C 管径由 32 mm 增至 33 mm

续表

方　案	修改措施
方案三	添加横向支撑梁 A ,将上纵梁 B 厚度由 1.5 mm 增至 2.5 mm
方案四	添加横向支撑梁 A ,将后部竖向支撑 D 厚度由 1.5 mm 增至 2.5 mm

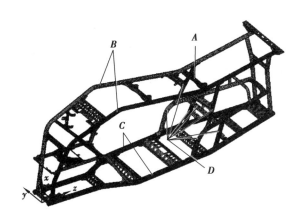

图 4.49　改型车架修改位置图示

(4)改型方案分析

对以上 4 个方案分别进行固有特性分析,分析结果见表 4.17。

由表 4.17 分析结果可知,横向支撑梁 A 增大了车架的横向刚度,提高了一阶固有频率;增大纵梁 B 、 C 的壁厚比增大管径能更有效地提高上下弯曲刚度;增大竖向支撑 D 的厚度对车架的固有特性影响不大。

表 4.17　车架优选方案分析结果

阶　次	方案一		方案二		方案三		方案四	
	频率	振型	频率	振型	频率	振型	频率	振型
1	74.6	左右扭动	74.4	左右扭动	73.0	左右扭动	75.0	左右扭动
2	110.9	左右摆动	110	左右摆动	105.7	上下弯曲	106.3	上下弯曲
3	115.7	上下弯曲	110.2	上下弯曲	109.3	左右摆动	112.1	左右摆动
4	133.2	上下弯曲	131	上下弯曲	129.4	左右错动	130.1	上下弯曲
5	134.7	左右扭动	133.5	左右扭动	137.2	上下弯曲	132.7	左右错动
6	163.1	上下弯曲	162.9	二阶摆动	160.0	上下弯曲	160.8	二阶摆动

由路面激励和发动机激励频率的分析结果,结合原车架固有特性知,方案一的一阶

固有频率高于路面激励的最高频率,同时,一阶弯曲频率避开了发动机的最高固有频率,避免了改型车架与激励的共振。因此,方案一达到了预期的目标,可有效降低整车的振动,且方案易实施。

4.4.3 实例三

某款国产全地形车整车振动比同款进口车偏大。经过试验分析,并将国产全地形车与进口全地形车的异同点进行对比,另外考虑改进措施的可实施性,最后确定重点分析及改进该车车架挂发动机的振动特性。

(1)车架挂发动机振动特性分析

车架挂发动机的计算模态和实验模态结果及对比见表4.18。从表4.18可知,车挂发动机的各阶次频率差别在8%以内,满足工程应用要求。从各阶次振型解析法和实验法完全一致,说明解析法模拟较为准确,可用来作后续改进分析。

表 4.18　模态分析结果

部　件	阶次	模态频率/Hz		相对误差/%	模态振型
		试验模态	计算模态		
车架挂发动机	1	74.00	74.02	0.02	左右摆动
	2	83.19	89.23	7.3	一阶扭转
	3	120.2	110.7	7.9	一阶上下弯曲
	4	130.3	134.5	3.3	二阶左右扭转
	5	147.8	137.0	7.3	二阶上下弯曲

采用4.4.1同样的方法分析该全地形车的激励特性。以该机动平台的最高车速70 km/h 为准,路面可能产生的最高激励频率为61 Hz,大幅低于车体的一阶固有频率74 Hz,所以车体对路面不平度的激励响应较小。

该车发动机的常用工作转速为3 000~7 500 r/min,所以发动机的一阶往复惯性力频率为50~125 Hz。发动机一阶往复惯性力频率和车体挂发动机模态频率耦合的转速和车速见表4.19。

表 4.19　车体共振转速

阶　　次	频率/Hz	转速/(r·min⁻¹)	车速/(km·h⁻¹)
1	74.00	4 440	41.13
2	83.19	4 992	46.25
3	120.2	7 212	66.81

续表

阶 次	频率/Hz	转速/(r · min⁻¹)	车速/(km · h⁻¹)
4	130.3	7 818	72.43
5	147.8	8 868	82.16

从表4.19可以看出,发动机的激励频率覆盖了车体挂发动机的前三阶模态频率,而且车体一阶弯曲模态频率120.2 Hz正好在这个范围内,因此当发动机的一阶往复惯性力的频率与车体的频率同步时,可能导致车体共振。

(2)改进方案

从结构上改善机动平台的车体动态特性有两种途径:一是提高车体的固有频率,避开发动机的激励频率;二是改善结构的振型,降低振动的幅值。考虑到该小型机动平台的车体动态特性特点及所提方案的可行性和方便性,提出了以下3种方案。方案一和方案二的改进措施见表4.20,方案三则是对车体前端设置加强管和在尾部增加加强板。

表4.20 构件修改明细表

构 件	车体左右上管 (管径×管壁厚)/mm	车体左右下管 (管径×管壁厚)/mm
原型	φ25×2.5	φ28×2.5
方案一	φ26×2.5	φ29×2.5
方案二	φ25×3.0	φ28×3.0

(3)改进后车架挂发动机的动态特性分析

在原车体有限元模型下对改进后的车体进行解析法分析,分析结果表明按方案一改进后,车体的振型描述一致,但固有频率整体有所提高,而且振幅减少,满足了改进要求。按方案二、方案三改进后,车体的固有频率提高的不是很显著,只是振型得到了一定的改善,由于篇幅所限,在此不做赘述。方案一的具体分析结果见表4.21。

表4.21 改进后的结果

阶 次	1	2	3	4	5
频率/Hz	86.27	111.8	130.8	157.6	162.7

综上分析,方案一对原车体改动较少,实施起来简单且成本较低,另外改进效果明显,可大幅改善车体动态特性,提高整体振动舒适性。

4.5　本章小结

　　本章运用解析法和实验法对摩托车及全地形车车架及车架挂发动机的动态特性进行全面分析,主要完成了以下工作:

　　①从基本理论出发,介绍了结构动态特性分析的两种方法,即解析法和实验法。另外,结合工程实际应用,对摩托车及全地形车动态特性分析时所用的解析法和实验法的一般步骤进行了描述。

　　②分别以摩托车及全地形车为例,对其车架及车架挂发动机进行了动态特性分析。用解析法分析车架挂发动机动态特性时,以有限元分析的基本原理为基础,找出了影响解析法分析结果的参数,结合简化模拟仿真分析,提供发动机简化方法,进而建立车架挂发动机有限元模型。试验法和解析法的结果对比表明,所提出的发动机简化方法可行。

　　③以一款摩托车及两款全地形车为实例,从车架及车架挂发动机的动态特性出发,分别对车架及车架挂发动机的结构进行改进,改进后的分析结果表明,所提出的改进措施可行且易实施。

第 5 章

发动机与整车振动匹配研究

发动机是摩托车及全地形车的主要激励源之一。同时,由于发动机相对车架来说,质量大,对其动态特性影响较大。

考虑到摩托车自身空间及全地形车自身的特点等影响因素,本章以某款全地形车为例,首先分析发动机及其位置对车架结构动态特性的影响,然后从发动机安装位置及发动机悬置件进行优化分析。

5.1 发动机及其位置对车架动态特性影响分析

5.1.1 发动机对车架动态特性影响分析

第4章采用试验法分析了车架及车架挂发动机的模态特性,并建立了可靠的有限元简化模型,完成了计算模态分析,二者的分析结果能较好地吻合。本节结合计算模态分析结果和实验模态分析结果来分析发动机对车架动态特性的影响。

首先比较发动机对结构刚度的影响,以实验模态频率为准,车架的实验模态和车体总成的实验模态的比较见表 5.1。从频率和振型的比较可知,挂发动机后,一阶左右扭转升高了 4.71 Hz,一阶上下弯曲提高了 31.85 Hz,一阶左右摆动升高了 6.3 Hz。

车架挂发动机后,一阶左右摆动和一阶上下弯曲模态刚度增大,结构动特性发生了较大的变化。车架的固有频率和振型的变化是由于挂上发动机后,整车质量分布改变了,且车体与发动机的螺栓刚性链接也改变了车体的结构刚度,从而引起车体动态特性的改变。

表 5.1　发动机对结构刚度的影响

阶　次	频率/Hz	车架振型描述	车架挂发动机	
			频率/Hz	振型描述
1	72.16	左右扭转振动	76.874	左右扭转振动
2	122.18	上下弯曲振动	137.105	左右摆动
3	130.81	左右摆动振动	154.034	上下弯曲振动
4	143.62	二阶上下弯曲振动	160.996	沿 xz 面的错动
5	154.01	左右扭转振动+上下弯曲振动	194.917	左右摆动+扭转
6	187.52	水平扭转振动	232.969	二阶上下弯曲振动

5.1.2　发动机位置对车架挂发动机动态特性影响分析

发动机和车架通过橡胶悬置连接,在有限元模型中橡胶悬置用 SPRING 单元表示,并通过 PBUSH 属性赋予三向刚度。为了研究发动机悬置点位置对车体动态特性的影响,以某款全地形车为对象,分别对发动机悬置点进行左右、前后移动,分析车体动态特性的变化。具体悬置点移动示意图如图 5.1 所示。

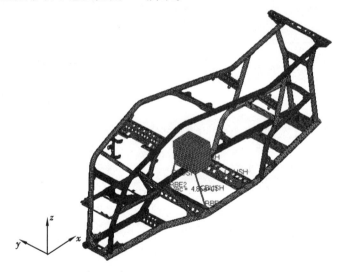

图 5.1　悬置点移动示意图

考虑悬置点移动的可实施性,分别研究发动机悬置点左、右、前、后移动 6 mm 和 12 mm 时模态频率的变化情况。将悬置点移动后的有限元模型导入 MSC.NASTRAN 进行计算,即可提取自由模态结果。这里同样只提取重要的前六阶模态参数。

表 5.2 为发动机悬置点左右移动时的模态结果。从表 5.2 可知,当发动机悬置点左

移时,车架挂发动机模态频率整体下降,不利于整车控制。而当发动机悬置点右移时,车架挂发动机一阶、四阶、五阶、六阶的模态频率增大,二阶变化不大,三阶减小。从整体上讲发动机悬置点右移有利于整车的减振,但也不难发现所有阶级频率变化很小,基本都小于 1.5 Hz,所以不是控制整车振动的有效途径。

表 5.2　发动机悬置点左右移动动态特性分析

阶　次	左移 12 mm	左移 6 mm	原位置	右移 6 mm	右移 12 mm	振　型
1	78.28	78.16	78.49	78.9	79.28	左右扭转振动
2	132.1	132.2	132.2	132.2	132.2	左右摆动
3	152	152	151.9	151.6	151.2	上下弯曲振动
4	156	156.3	156.5	156.6	156.6	沿 xz 面的错动
5	163.1	163.1	163.3	163.5	163.7	上下弯曲振动
6	174.5	174.5	174.6	174.7	174.9	xz 面的扭转振动

表 5.3 为发动机悬置点前后移动时的模态结果。从表 5.3 可知,发动机悬置点前后移动时,各阶模态的固有频率基本上是在原位置处最高,说明发动机悬置点在前后方向上接近最佳位置,不宜改动。

表 5.3　发动机悬置点前后移动动态特性分析

阶　次	前移 12 mm	前移 6 mm	原位置	后移 6 mm	后移 12 mm	振　型
1	78.07	78.36	78.49	78.4	78.24	左右扭转振动
2	130.7	131.7	132.2	131.8	131	左右摆动
3	151.4	151.7	151.9	151.4	150.8	上下弯曲振动
4	155.3	156	156.5	156.2	155.7	沿 xz 面的错动
5	162	162.6	163.3	163.5	163.7	上下弯曲振动
6	172.5	174.2	174.6	173.3	171.5	xz 面的扭转振动

综上所述,该款全地形车发动机位置处于比较有利于整车振动控制的状态,若要对发动机位置进行优化处理,不仅要考虑平动位置变量,还需要考虑转动位置变量。

5.2　发动机安装位置优化

全地形车车体是整车的骨架,其振动特性影响整车的动态特性。文献[116]的研究表明,发动机的安装方式对挂发动机的车架结构特性影响很大。故这里针对某款全地形车车架挂发动机的一阶模态频率偏低问题,通过优化发动机的安装位置和俯仰角度的方法来改善车架挂发动机的动态特性。

5.2.1 形状优化基础

形状优化是建立在最优化理论和有限元分析的基础上,根据给定的设计约束条件,求解满足约束要求的某种性能达到最佳构形的优化方法。形状优化所研究的问题可分为4种:第一,在可行集合中寻找出最优形状;第二,找出给定形状的最好位置;第三,识别区域的边界,称为形状识别问题;第四,自由边界问题。全地形车发动机安装位置和俯仰角度的优化所涉及的为第二类问题,故这里利用结构优化软件 OptiStruct 的形状优化功能来解决发动机的安装位置和俯仰角度的优化问题。

OptiStruct 软件求解形状优化问题的基本方法:首先在有限元模型上定义若干控制点和相应的域,通过改变控制点的位置来调整域的形状和空间位置,从而生成相应的扰动矢量 D_i,扰动矢量用于定义与原始网格相关的节点位置的改变。由此,结构的形状改变就可以被定义为扰动矢量的线性组合,即

$$X = X_0 + \sum P_i * D_i \tag{5.1}$$

式中　X——节点坐标矢量;

　　　X_0——节点初始的坐标矢量;

　　　P_i——设计变量,是扰动矢量;

　　　D_i——所对应的权重因子,一般取值为 $-1 \sim 1$。

在优化迭代过程中,通过优化设计变量 P_i 的值来不断地调整节点位置,而节点位置的变化导致结构形状的改变,最终得到最佳的结构形状。

5.2.2 形状优化模型建立

优化问题有三要素:优化目标、约束条件和设计变量。本文的优化目标是车体的一阶模态频率 f_1 最大化,约束条件为:车体二至车体五阶模态频率($f_2 \sim f_5$)不小于原车频率。

在建立设计变量之前,首先使用 HyperMorph 模块建立一个包含发动机所有单元的3D 域及相应的 8 个控制点,通过这些控制点的位置改变生成 4 个扰动矢量 D_i,分别为发动机相对于车架沿前后方向刚体平移 50 mm 的扰动矢量 D_1、沿左右方向刚体平移 50 mm 的扰动矢量 D_2、沿上下方向刚体平移 50 mm 的扰动矢量 D_3 和绕车架横向旋转 15°的扰动矢量 D_4。然后将这 4 个扰动矢量 D_i 所对应的权重因子 P_i 定义为设计变量。发动机沿前后方向平移的扰动矢量 D_1 如图 5.2 所示,各设计变量变化范围详见表 5.4。

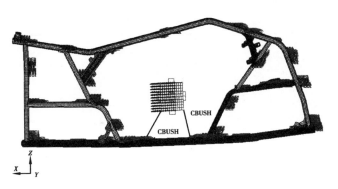

图 5.2　发动机沿前后方向平移的扰动矢量

表 5.4　设计变量

设计变量	相应扰动矢量	原始值	变化范围
P_1	D_1	0	$[-1,1]$
P_2	D_2	0	$[-1,1]$
P_3	D_3	0	$[-1,1]$
P_4	D_4	0	$[-1,1]$

所建立的车体形状优化数学模型为：

$$\text{Max.}\quad f_1(P)$$
$$\text{s.t.}\quad f_2(P) \geqslant 132.2\ \text{Hz}$$
$$f_3(P) \geqslant 151.9\ \text{Hz} \qquad\qquad (5.2)$$
$$f_4(P) \geqslant 136.5\ \text{Hz}$$
$$f_5(P) \geqslant 190.7\ \text{Hz}$$
$$P = \begin{bmatrix} P_1, P_2, P_3, P_4 \end{bmatrix}^{\text{T}}$$

式中　P——设计变量；

$f_i(P)$——响应函数。

优化模型建立好之后，即可提交到 OptiStruct 进行形状优化计算。

5.2.3　形状优化结果

响应量优化前后结果对比见表 5.5，从表中可以看出，优化后车体的一阶模态频率提高了 4.9 Hz，其他四阶频率的变化较小，在一定程度上改善了车体的动态特性。

表 5.5　响应量的优化结果

响　应	原始值/Hz	优化值/Hz	差值/Hz
f_1	78.5	83.4	4.9
f_2	132.2	132.0	−0.2
f_3	151.9	151.0	−0.9
f_4	156.5	158.0	1.5
f_5	190.7	192.5	1.8

设计变量的优化结果见表 5.6。优化后发动机在车架上安装位置和俯仰角度的改变为：向后平移 17 mm，向右平移 40 mm，向上平移 1.5 mm，绕横向顺时针转动 10.2°。优化后的车体模型如图 5.3 所示。

表 5.6　设计变量的优化结果

设计变量	原始值	优化值	变化范围
P_1	0	0.34	[−1,1]
P_2	0	0.8	[−1,1]
P_3	0	0.03	[−1,1]
P_4	0	0.68	[−1,1]

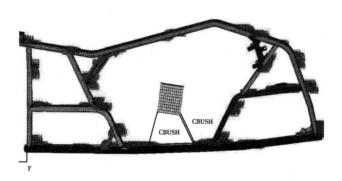

图 5.3　优化后车体模型

经过优化，车体的一阶模态频率有所提高，动态特性得到了改善。由于受到改动范围的限制，优化效果不是非常明显。如果能在设计阶段就进行发动机安装位置和俯仰角度的优化，可取得更好的效果。

5.3　发动机悬置件参数优化

发动机悬置件参数的好坏直接关系到发动机振动向车架传递的多少。目前,针对发动机悬置件参数的优化主要是采用能量解耦的方法。常用的解耦方法有主惯性轴坐标系解耦法、弹性中心法、曲轴坐标系解耦法、能量解耦法和撞击中心理论等。其中,能量解耦法可以方便地评价各个自由度方向的解耦程度,且在主要的激振力方向有较高程度的解耦。因此,采用能量解耦法对发动机悬置参数进行优化。

5.3.1　悬置系统刚体动力学建模

发动机悬置系统的固有频率通常比自身的自由模态频率低得多,故将发动机和全地形车车架视为刚体,将橡胶悬置件简化为三向正交的弹簧阻尼模型。这样就将悬置系统简化成了六自由度振动系统,从而可以建立起悬置系统刚体动力学模型。取坐标系原点在发动机质心处,以水平向前为 x 轴,z 轴垂直向上,y 轴根据右手定则确定。定义动力总成的振动分别为在 X、Y、Z 方向上的平动 x、y、z 和绕 X、Y、Z 方向的转动 α,β,γ,则动力总成的广义坐标可表示为:

$$\{Q\} = \{x,y,z,\alpha,\beta,\gamma\}^{\mathrm{T}} \tag{5.3}$$

根据振动理论建立悬置系统的振动微分方程如下:

$$[M]\{\ddot{Q}(t)\} + [C]\{\dot{Q}(t)\} + [K]\{Q(t)\} = \{F(t)\} \tag{5.4}$$

式中　$[M]$——质量矩阵;

　　　$[C]$——阻尼矩阵;

　　　$[K]$——刚度矩阵;

　　　$\{Q(t)\}$——广义坐标向量;

　　　$\{F(t)\}$——广义力向量。

在求解发动机悬置系统固有频率时不考虑阻尼的影响,则其无阻尼自由振动微分方程为:

$$[M]\{\ddot{Q}(t)\} + [K]\{Q(t)\} = 0 \tag{5.5}$$

该全地形车的发动机质量为 62.7 kg,具体的质心坐标及惯量参数见表 5.7。根据厂方提供的悬置件参数,其悬置件刚度信息见表 5.8。从三维模型中截取发动机悬置件位置参数,具体见表 5.9。

表 5.7　发动机惯性参数

质心坐标/mm			转动惯量/(kg · m²)					
X_c	Y_c	Z_c	I_{xx}	I_{yy}	I_{zz}	I_{xy}	I_{xz}	I_{yz}
−149.8	31.1	208.9	4.61	5.67	3.02	−0.142	−2.53	0.527

表 5.8　悬置件的刚度

悬置刚度/(N·mm^{-1})	K_x	K_y	K_z
左前悬置	201.5	157.6	158
右前悬置	201.5	157.6	158
左后悬置	201.5	157.6	158
右后悬置	201.5	157.6	158

表 5.9　悬置件坐标参数

悬置坐标/mm	x	y	z
左前悬置	−82	−150	−200
右前悬置	−82	94.5	−200
左后悬置	149.5	−150	−200
右后悬置	149.5	94.5	−200

5.3.2　悬置系统固有特性及耦合分析

固有频率是悬置系统的一个重要特性,通过分析悬置系统的固有频率可以判断其分配是否合理,是否满足悬置系统隔振性能的要求。悬置系统的固有频率值可通过式(5.5)变换之后得到,如式(5.6)所示。

$$\left|\left[K\right] - \omega^2\left[M\right]\right| = 0 \tag{5.6}$$

从式(5.5)可以看出,悬置系统的振动耦合可分为惯性耦合和弹性耦合,当质量矩阵 $[M]$ 为非对角阵时为惯性耦合,当刚度矩阵 $[K]$ 为非对角阵时为弹性耦合。通常悬置系统既是惯性耦合又是弹性耦合,6 个自由度方向上的振动耦合在一起,在某一个方向上的激励会引起多个方向的振动,从而使系统的振幅加大,振动频带加宽。采用能量解耦法对悬置系统进行解耦优化设计,仅需要对悬置系统进行自由振动分析求解刚体模态参数,在一定程度上脱离了悬置系统类型和布置形式的具体特点,具有普遍的实用性和计算稳定性。

当系统以第 i 阶固有频率振动时,能量矩阵 E 的第 k 行 i 列元素为:

$$\left(E_{kl}\right)_i = \frac{1}{2}\omega^2 m_{kl}(\phi_i)_k(\phi_i)_l \tag{5.7}$$

当系统以第 i 阶固有频率振动时第 j 个广义坐标分配的能量所占系统总能量的百分比为:

$$p_{ji} = \frac{\sum\limits_{l=1}^{6} m_{jl}(\phi_i)_j(\phi_i)_l}{\sum\limits_{k=1}^{6}\sum\limits_{l=1}^{6} m_{kl}(\phi_i)_k(\phi_i)_l} \tag{5.8}$$

根据式(5.7)和式(5.8)即可求解固有频率和模态能量。利用 MATLAB 进行编程来计算悬置系统的各阶固有频率和模态能量,具体计算结果见表 5.10。

表 5.10　悬置系统各阶固有频率和振动能量

频率/Hz		5.170 5	5.512 1	15.214 0	15.984 8	20.608 8	24.599 1
能量解耦率/%	x	33.514 3	0.067 6	0.063 8	1.745 3	64.101 2	0.034 6
	y	0.027 1	38.962 4	22.954 5	0.876 9	0.297 3	5.172
	z	1.304 5	0.657 8	0.009 8	96.114 8	0.613	0.136 6
	α	0.173 8	52.990 3	11.172 4	0.190 1	0.409 5	50.509 9
	β	64.526 4	0.051 1	3.283 3	0.342 1	34.561 7	0.946 7
	γ	0.453 4	7.270 7	62.516 1	0.730 8	0.017 3	43.200 2

从表 5.10 可以看出,该进口全地形标杆车悬置系统的六阶固有频率分布在 5~25 Hz 内,设计较为合理。从能量解耦情况看,整体解耦率一般,除了沿 z 方向较理想外,其他方向耦合率不高。

5.3.3　悬置件参数优化

考虑到能量解耦法可方便地评价各个自由度方向的解耦程度,且在主要的激振力方向有较高程度的解耦,结合模拟退火算法(Simulated Annealing)的优点,将模拟退火算法应用到能量解耦优化方法中,对发动机悬置件参数进行优化。

模拟退火算法由 Metropolis 等人于 20 世纪 80 年代提出,其思想源于物理中固体物质退火过程与一般组合优化问题之间的相似性。物理退火分升温、等温和降温 3 个过程,模拟退火算法的基本思想来源于将固体加温至充分高,再让其徐徐冷却,加温时固体内部粒子随温度升高变为无序状,内能增大,而徐徐冷却时粒子渐渐有序,在每个温度下都达到平衡态,最后在常温时达到基态,内能减为最小。

目前,模拟退火算法已广泛应用于最优控制、神经网络等优化问题。其计算过程简单,通用,鲁棒性强,具有很好的短时寻优能力,适用于并行计算,可用于求解复杂的非线性优化问题,是一种通用的优化算法。其基本流程如图 5.4 所示。

这里以能量解耦为目标,对该动力总成悬置系统进行优化,以各阶模态能量百分比占优的方向上的能量解耦率最大为目标函数,建立起六阶模态上的 6 个目标函数。

悬置件的阻尼是用来降低悬置系统的共振峰值的,不作为优化设计变量。同时,由

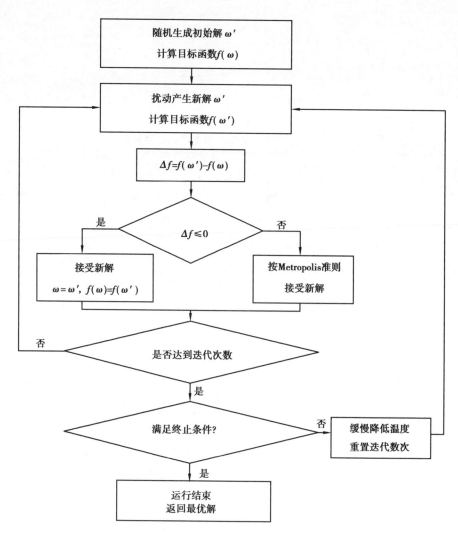

图 5.4　模拟退火算法流程图

于悬置件的安装位置和安装角度受发动机安装及车架空间的限制,不宜改变。因此,以4个悬置件三向刚度参数作为设计变量进行解耦优化。同时,要考虑悬置件的对称性及安装的方便性,设4个悬置件的三向刚度一致。

考虑悬置系统的隔振特性及悬置件的自身特性,约束条件为一阶固有频率大于5 Hz,小于30 Hz。

采用 Isight 软件对发动机悬置件参数进行优化。计算时,选择 Isight 中的适应性模拟退火算法。表5.11 为优化后各个方向的固有频率及能量解耦率,表5.12 为优化后的悬置件刚度参数。

表 5.11　优化后悬置系统各阶固有频率和振动能量

频率/Hz		5.004 3	5.387 5	15.518 8	15.597 1	20.879 3	24.991 0
能量解耦率/%	x	30.377	0.170 5	1.180 4	0.124	67.497 2	0.052
	y	0.105 4	38.799 4	1.084 8	22.313 9	0.418 6	5.365 3
	z	1.596 9	0.614 8	96.870 3	0.080 3	0.189 5	0.093 9
	α	0.355	53.892 6	0.010 9	11.046 7	0.515 7	50.257 3
	β	67.189 3	0.274	0.664 4	3.496 9	31.276 9	0.907 9
	γ	0.376 3	6.248 7	0.189	62.938 2	0.102 1	43.323 5

表 5.12　优化后悬置件的刚度

悬置刚度/(N·mm^{-1})	K_x	K_y	K_z
左前悬置	226	165	136
右前悬置	226	165	136
左后悬置	226	165	136
右后悬置	226	165	136

对比表 5.10 和表 5.11 的分析结果可知,在固有频率方面,优化后的固有频率和优化前相差很小;在各个方向的能量解耦方面,优化后 γ 向有所降低,其他方向均有所提高,但效果不是很明显;而且在优化前后悬置件的刚度变化方面,两个相差不大。这一优化结果表明,该款进口全地形标杆车悬置系统设计较为合理,与事实相吻合。若需要获得较好的解耦率,需要在全地形车设计阶段将发动机安装位置及角度作为变量进行悬置系统优化。

5.4　本章小结

本章以全地形车为例,从发动机对全地形车振动影响及匹配的角度出发,分析发动机对车架动态特性的影响,并对发动机位置及悬置件进行优化分析。主要完成了以下工作:

①分析了车架挂发动机后,发动机对车架的动态特性影响。结果表明,车架挂发动机后,后三阶自由频率振型发生了变化,但关心的前三阶频率均有所提高。

②将发动机位置进行前后、左右平动,分析发动机位置对车架挂发动机动态特性的

影响。分析结果表明,该款全地形车发动机平动位置较为合理,后续优化工作需要考虑转动位置。

③采用形状优化方法,以发动机安装位置和俯仰角度为变量对车架挂发动机的动态特性进行优化。优化结果表明,在保障其他几阶频率变化较小的情况下,优化后车架挂发动机的一阶模态频率提高了 4.9 Hz。因此,通过调整发动机的安装位置和俯仰角度可以改善车架挂发动机的动态特性。

④在对全地形车悬置系统进行刚体动力学建模的基础上,分析了某款全地形车悬置系统固有频率及各个方向能量解耦率。以各阶模态能量百分比占优的方向上的能量解耦率最大为目标函数,4 个悬置件的三向刚度为优化变量,在 Isight 中采用模拟退火算法对悬置系统进行了能量解耦优化。结果表明,优化效果不是很明显,说明该款进口全地形标杆车悬置系统设计较为合理,与事实相吻合。

第 **6** 章

摩托车及全地形车整车振动仿真分析

运用 ADAMS(Automatic Dynamic Analysis of Mechanical Systems)建立了包含柔性车架、前后悬架、转向系、轮胎和人体的摩托车及全地形车刚柔耦合多体动力学模型,并添加路面激励和发动机激励,从动力学仿真的角度分析了摩托车及全地形车整车振动。

6.1 多刚体动力学概述及 ADAMS 简介

多体系统动力学是在经典力学的基础上发展而来的研究多体系统运动规律的一门学科。多体系统动力学包括多刚体系统动力学和多柔体系统动力学。早在 20 世纪六七十年代美国的 R.E.Roberson、T.R.Kane,联邦德国的 J. Witternburg、苏联的 E.H.波波夫等人先后提出了各自的方法解决复杂系统的动力学问题,他们的共同特点是:建立的数学模型适用于计算机建模和计算。于是,将古典的刚体力学、分析力学和现代的电子计算机技术相结合的力学新分支——多刚体系统动力学就诞生了。

近 20 年来,由于各种复杂机械系统的高性能、高精度的设计要求,再加上计算机技术的迅猛发展和计算方法的成熟,多体系统动力学由早期的刚体系统动力学发展成柔体系统动力学。

6.1.1 多刚体动力学理论及研究方法

多刚体动力学以刚体的质心笛卡尔坐标和反映刚体方位的欧拉角作为广义坐标,采用拉格朗日乘子法建立动力学方程。ADAMS 就是以多刚体动力学理论为基础,具体理论将在后面详述。目前,多刚体动力学已经形成比较系统的研究方法,其中主要有工程中常用的常规经典力学方法(以牛顿-欧拉方程为代表的矢量力学方法和以拉格朗日方程为代表的分析力学方法)、图论(R-W)方法、凯恩方法、变分方法及旋量方法。

以上几种研究方法,虽然风格迥异,但共同目标都是要实现一种高度程式化,适于编制计算程序的动力学方程建模办法。多刚体系统动力学各种方法的数学模型,可归纳为纯微分方程组和微分-代数混合方程组两种类型。对于数学模型的数值计算方法也有两种,即隐式的直接数值方法和显式的符号-数值方法。

6.1.2　ADAMS 软件及其模块介绍

ADAMS 原由美国 MDI 公司(Mechanical Dynamics Inc)开发,目前已被美国 MSC 公司收购成为 MSC.ADAMS,是最著名的虚拟样机分析软件。它使用交互式图形环境和零件库、约束库和力库,创建完全参数化的机械系统动力学模型,利用拉格朗日第一类方程建立系统最大量坐标动力学微分-代数方程,求解器算法稳定,对刚性问题十分有效,可以对虚拟机械系统进行静力学、运动学和动力学分析,后处理程序可输出位移、速度、加速度和反作用力曲线以及动画仿真。ADAMS 软件的仿真可用于预测机械系统的性能、运动范围、碰撞检测、峰值载荷以及计算有限元的输入载荷等。

ADAMS 软件由核心模块、功能扩展模块、专业模块、工具箱和接口模块 5 类模块组成。核心模块包括 ADAMS/View——用户界面模块、ADAMS/Solver——求解器和 ADAMS/Postprocess——后处理模块。ADAMS 的分析对象主要是多刚体,但 ADAMS 提供了柔性体模块 ADAMS/Flex,运用该模块可以实现柔性体运动仿真分析,以弹性体代换刚体,可以更真实地模拟出机构动作时的动态行为,同时还可分析构件的振动情况。一方面 ADAMS 是虚拟样机分析的应用软件,用户可以运用该软件非常方便地对虚拟机械系统进行静力学、运动学和动力学分析。另一方面,ADAMS 又是虚拟样机分析开发工具,其开放性的程序结构和多种接口,可以成为特殊行业用户进行特殊类型虚拟样机分析的二次开发平台。目前,ADAMS 已经被全世界各行各业的大多制造商采用,在汽车、飞机、铁路、工程机械、一般机械、航天机械等领域得到广泛应用。

6.2　摩托车整车振动舒适性分析

摩托车动力学模型分为车架、前后轮胎、人体座椅系统、前后悬架、发动机、后平叉和方向把等 9 个部分。

车架是摩托车的骨架和安装基体,它不仅要承受乘员和发动机等总成的质量引起的重力作用,还要承受行驶时产生的动载荷和冲击。所以在建模时将车架考虑为刚性势必忽略了其在外载下的变形以及对路面不平度的传递特性,这种简化对后期舒适性分析的结果将可能造成一定的偏差。因此,对车架进行柔性分析。

6.2.1 摩托车刚柔耦合模型的建立

由于研究的是摩托车的振动舒适性,因此主要讨论摩托车在直线行驶工况下,路面不平度激励和发动机激励导致的整车结构部件的振动响应情况。

建立的摩托车整车动力学模型,做了如下假设:

①行驶过程中,不考虑车身相对于地面的侧倾,即车身只能作垂直于地面的直线运动。

②由于没有考虑摩托车转向,取消前叉相对于车架的转动自由度。

③由于驱动力的施加不是考虑的重点,没有建立链条传动模型,而是将驱动力矩以运动的形式直接加在后轮上。

④在模型的建立中,油箱、车身覆盖件只考虑了各自的质量和转动惯量,不考虑相对方位的变化,采用固定约束将各物件固连到车架上。

⑤忽略各个构件之间的接触,用相应的理想约束代替各个构件的接触,如车架与操纵架之间固定副约束,不计它们之间的相互碰撞。

⑥摩托车前后减振器的主要作用是支撑车体,缓和振动和冲击。根据前后减振器的作用,模型中前后减振器简化为具有相应刚度和阻尼的弹簧。

⑦后叉与车架连接器视为理想铰链约束,保证了它们之间的相互转动,而没有上下窜动和相互扭动。

(1)摩托车柔性车架的生成

摩托车车架在受到外界激励时会产生相应的变形,因此用柔性车架更能反映行驶过程中的实际工况,建立柔性车架首先要生成模态中性文件。

模态中性文件是一个独立于操作平台二进制文件,它包含下列信息:几何信息(结点位置及连接)、结点质量和惯量、模态质量和模态刚度。从有限元模型中生成模态中性文件需要进行特定的有限元分析,才能将结果转换成模态中性文件。

首先通过有限元前处理软件 Hypermesh 生成车架有限元模型,然后导入 Patran,保留模态分析各参数,最后提交 Nastran 进行计算,提取前九阶模态频率和振型。

中性文件的生成过程是从 Patran 中打开 Analysis 选项卡,选择"solution type"→"nomal moods"→"solution parameters"→"ADAMS preparation",在 ADAMS OUTPUT 中选择 Full run+MNF 之后就可生成.mnf 中性文件了。

在生成 MNF 文件时需注意两点:一是车架与其他部件的连接地方要建立外部连接的 MPC 点,以便在 ADAMS 中建立各部件之间的约束关系。二是有限元模型和刚体模型应尽量保证一致,这样才能给建立刚柔耦合的模型带来方便。所建立的车架 MNF 文件如图 6.1 所示。

(2)"人体-座椅"二自由度假人模型的建立

人体振动特性是复杂的,建立准确的人体振动模型是平顺性建模的一个重要环节。

从生物动力学的研究成果来看,坐姿假人模型有单自由度、二自由度和三自由度,但是国标中规定的三自由度模型的参数不适合汽车平顺性建模。目前在车辆平顺性领域,应用较多的人体振动模型主要是二自由度模型,如图6.2 所示。

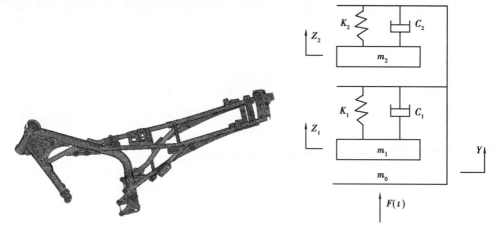

图 6.1　车架中性文件　　　　　图 6.2　自由度振动假人模型

针对汽车中坐姿人体模型的研究成果较多,不同研究对该模型识别的结果对比见表6.1,第 1、2 个模型分别来自冯焕玉识别的理论参数和实际假人的参数,第 3 个模型为董尔珠等人的识别结果,第 4 个模型来自文献[54]提到的 8851 课题识别 15 人平均值,第 5个模型来自英国 Wei 和 Griffin 的研究成果。这几个模型的动态等效质量差别不大(表6.1),Wei 和 Griffin 的识别样本最多,因此本书以该模型为基础。

表 6.1　二自由度振动假人模型的参数

编　号	m_1 /kg	K_1 /(N·m^{-1})	C_1 /(N·ms^{-1})	m_2 /kg	K_2 /(N·m^{-1})	C_2 /(N·ms^{-1})	m_0 /kg
1	29.8	$2.238×10^4$	391	5.5	$1.329×10^4$	188.2	—
2	35	$4.018×10^4$	588	19	$2.450×10^4$	352.8	3.5
3	29.2	$2.660×10^4$	320	12.5	$6.430×10^4$	190	6.4
4	25.7	$2.471×10^4$	200	12.5	$5.509×10^4$	260	5.9
5	36.2	$3.5007×10^4$	815	8.9	$3.3254×10^4$	484	5.6

假设"人体-座椅"系统固有频率为 2.5 Hz,阻尼比为 0.25,则由式(6.1)进行确定。

$$f = \frac{1}{2\pi}\sqrt{\frac{k}{m}} \qquad (6.1)$$

式中　k——"人体-座椅"系统的刚度;

f——"人体-座椅"系统的固有频率；

m——"人体-座椅"二自由系统的总质量，即 $m = m_1 + m_2 + m_0 = 50.7$ kg。

由式(6.1)可得"人体-座椅"系统的刚度为 1.25×10^4 N/m。

设该摩托车的人体座椅的阻尼比为 0.25，则由式(6.2)进行确定。

$$\zeta = \frac{C}{2\sqrt{mk}} \tag{6.2}$$

式中　ζ——0.25，由于"人体-座椅"系统质量和刚度已确定，可以得出可得座椅阻尼系数为 0.4。

(3)轮胎模型的建立

轮胎与路面的接触问题以及轮胎模型的简化，是国内外学者一直不断探索的问题。目前比较成熟和认可的有 FIALA、DELET、SMITHERS 和 UA TIRE 轮胎模型。ADAMS 根据这些轮胎模型的理论基础建立了相应的虚拟轮胎模型。因 FIALA 轮胎模型需要的参数较少且满足平顺性仿真要求，采用 FIALA 轮胎模型。

(4)悬架、坐垫、轮胎参数

前后悬架的刚度和阻尼特性由试验数据提取，参数见表6.2。轮胎特性比较复杂，但是平顺性建模时只需考虑轮胎垂向的刚度和阻尼，垂向刚度系数由试验获取。

表 6.2　力学参数

参　数	位　　置				
	坐垫	前悬架	后悬架	前轮胎	后轮胎
刚度系数/(N·mm⁻¹)	12.5	4	19	120	160
阻尼系数/(N·s·mm⁻¹)	0.4	0.2	0.85	2.5	3

6.2.2　激励模拟

(1)发动机激励的确定

发动机激励是引起摩托车振动的原因之一，导致发动机稳态振动的主要原因是汽缸内周期变化的气体压力和活塞连杆曲柄机构运动时产生的惯性力。

本模型中建立了发动机多体动力学模型，发动机工作时汽缸内周期变化气体压力和连杆曲柄机构运动时产生的惯性力通过发动机悬置件传递给车架。

建立发动机实体模型，在 MSC.Adams 中定义曲柄、连杆、活塞和发动机缸体的约束条件。在 ADAMS/VIEW 中，依照约束关系建立的动力学模型如图 6.3 所示。

图 6.3　曲柄连杆机构动力学模型

对模型施加气体作用力,以模拟发动机的实际工作。发动机缸内的气体工作压力曲线利用燃烧分析仪测得,发动机 6 000 r/min 的压力曲线如图 6.4 所示。

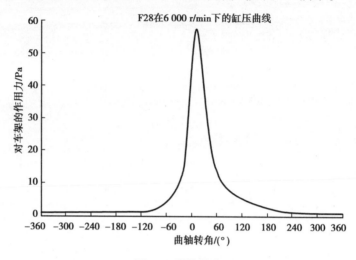

图 6.4　燃烧曲线

将缸压曲线施加到活塞上,并给曲轴施加随时间变化的曲轴转角,以此来模拟发动机的真实运动,模拟发动机对车架的作用力。

(2)路面激励的建立

基于 MSC.ADAMS 建立多体动力学模型,采用时域法求解,模型激励为路面随机输入时间信号。按照路面不平度功率谱采用三角函数法来生成路面随机位移数据。

对于时间长度为 T 的随机信号,其功率谱密度 $S(f)$(双边谱),可用下式生成伪随机数据:

$$Z_r(t) = \sum_{i=1}^{N} 2\sqrt{s(f)\Delta f}\, \sin(2\pi f_i(t + rnd)) \tag{6.3}$$

式中　rnd——0~1 的均匀随机数。

若用单边谱 $G(f)$,式(6.3)可表达为:

$$Z_r(t) = \int_0^{\infty} \sqrt{2G(f)}\, \sin(2\pi f(t + rnd))\sqrt{\mathrm{d}f}$$

按照路面不平度表示方法的标准,路面不平度的时间谱密度为:

$$G(f) = \frac{n_0 A u}{f^2} \tag{6.4}$$

式中　n_0——参考空间频率,$n_0 = 0.1\ \mathrm{m}^{-1}$;

　　　A——路面不平度系数,$\mathrm{m}^2/\mathrm{m}^{-1}$;

　　　u——车速,$\mathrm{m/s}$。

生成路面随机位移数据时,路面谱按 ISO 规定的 B 级路面,车速为常用车速 60 km/h,频率范围为 0.05~100 Hz。生成的路面位移如图 6.5 所示,图中虚线为随机数的均值,均值为零。其功率谱密度和标准给定的功率谱密度的对比,如图6.6所示。实线为标准规定的功率谱密度,虚线为随机数的功率谱密度,可见二者吻合较好。因此,该三角级数能很好地与路面激励相吻合。

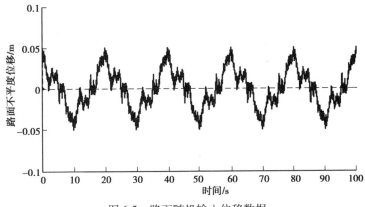

图6.5　路面随机输入位移数据

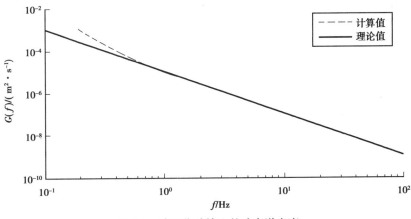

图6.6　路面位移输入的功率谱密度

在 ADAMS 中,不平的路面是由一系列三角形的平面单元组合成的一个三维表面。路面结构的空间模型如图6.7所示,数字1、2、3 等表示节点(Node),这些节点的 x、y 坐标要满足一定的规律,图中 x 为摩托车前进方向,y 垂直向上。通过编写 MATLAB 程序使前面产生的随机数据作为路面 y 向的不平度输入,z 坐标表示路面的宽度,由这些节点按一定的规律组成路面单元(Element),再给路面设置静摩擦系数和动摩擦系数。

下面给出了摩托车平顺性试验所需的 B 级路面模型。该路谱节点数为 43 008 个,有 43 006 个三角形平面单元,路面宽度为 2 m,如图6.8所示。

通过以上各个部件的建立和约束的定义,在 ADAMS 中建立了摩托车整车刚柔耦合动力学模型。其模型如图6.9所示。

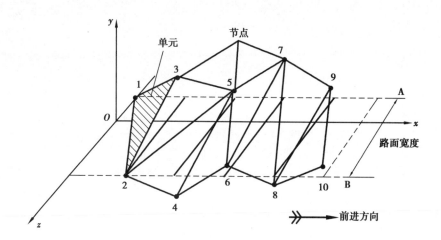

图 6.7 ADAMS 路面结构的空间模型

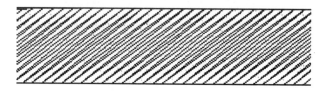

图 6.8 B 级路面模型

图 6.9 摩托车刚柔耦合多体动力学模型

6.2.3 摩托车整车振动舒适性分析

在仿真过程中,为了不使计算产生积分发散,应尽量避免数据出现突变的情况,所以在对车轮施加旋转运动时,采用了 ADAMS 提供的 STEP 渐进阶梯函数,0~5 s 为摩托车的匀加速起步行驶,5 s 后摩托车以规定车速匀速行驶试验。仿真时间 75 s,采样频率 2 000 Hz。

在 B 级路面上,以该摩托车的常用车速 60 km/h 进行平顺性虚拟试验,仿真得到坐垫和手把处前进和垂直方向的功率谱密度曲线,如图 6.10—图 6.13 所示。

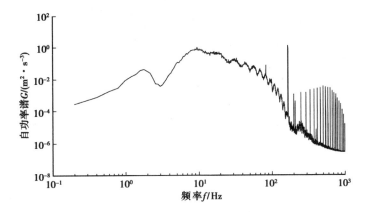

图 6.10　手把前进方向加速度自功率谱曲线

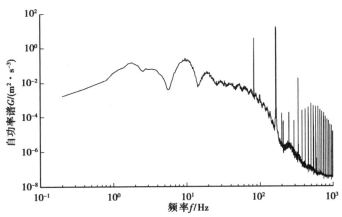

图 6.11　手把垂直方向加速度自功率谱曲线

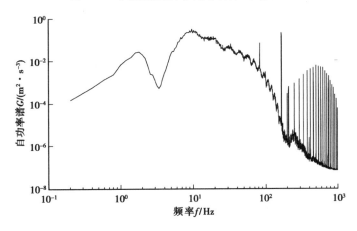

图 6.12　坐垫前进方向加速度自功率谱曲线

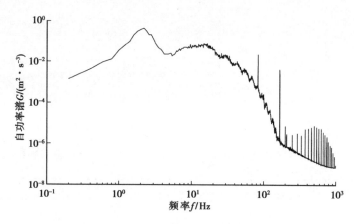

图 6.13　坐垫垂直方向加速度自功率谱曲线

将上面的数据进行平顺性评价,所得的结果见表 6.3。

表 6.3　车速 60 km/h(5 000RPM)时的仿真结果

平顺性评价指标		位　置	
		坐垫	手把
垂直方向	$a_w/(\mathrm{m \cdot s^{-2}})$	0.951 9	1.022 04
	L_{aw}/dB	119.57	120.019
水平前后方向	$a_w/(\mathrm{m \cdot s^{-2}})$	0.335 6	2.607 02
	L_{aw}/dB	110.50	128.323
合成加速度 $a_v/(\mathrm{m \cdot s^{-2}})$		1.009	2.8
合成振级 L_w/dB		120	129

由表 6.3 可以看出,摩托车以 60 km/h 在 B 级路面行驶时,坐垫处和手把处的振动都比较严重,容易引起驾驶员的疲劳且车架也会由振动引起破坏。且摩托车有时行驶在工况更加恶劣的路面,相应的振动就更加严重。

6.3　全地形车整车振动舒适性分析

6.3.1　全地形车整车刚柔耦合模型的建立

(1)柔性车架有限元模型

全地形车车架在受到外界激励时会产生相应的变形,因此用柔性车架更能反映行驶过程中的实际工况,建立柔性车架首先要生成模态中性文件。

模态中性文件是一个独立于操作平台的二进制文件,它包含下列信息:几何信息(结点位置及连接)、结点质量和惯量、模态质量和模态刚度。从有限元模型中生成模态中性文件需要进行特定的有限元分析,才能将结果转换成模态中性文件。本书首先通过有限元前处理软件 Hypermesh 生成车架有限元模型。然后导入 Patran,保留模态分析各参数,中性文件的生成过程是从 Patran 中打开 Analysis 选项卡,选择"solution type"→"nomal moods"→"solution parameters"→"ADAMS preparation",在 ADAMS OUTPUT 中选择 Full run+MNF 之后就可以生成.mnf 中性文件了。最后提交 Nastran 进行计算。提取前十二阶模态频率和振型。

在生成 MNF 文件时需注意两点:一是车架与其他部件的连接地方要建立外部连接的 MPC 点,以方便在 ADAMS 中建立各部件之间的约束关系。二是有限元模型和刚体模型应该尽量保证一致,这样才能给建立刚柔耦合的模型带来方便。所建立的车架 MNF文件如图 6.14 所示。

(2)前后悬架模型

该全地形车前后独立悬架均采用双横臂式,包括上下横臂、转向节和筒式减震器。前悬架动力学模型如图 6.15 所示。

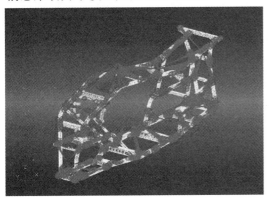

图 6.14　车架中性文件　　　　　　图 6.15　前悬架动力学模型

在图 6.15 中,前悬架上下横臂分别通过球副与转向节连接,再通过转动副与车架连接。简化的减震器模型下端与上横臂连接,上端连在车架上。后悬架后轴通过转动副与后平叉连接,后平叉再与车架用转动副连接,减震器下端连接后平叉,上端与车架相连。该车前后悬架减震器是液力式减震器,根据设计图纸,前后减震器刚度分别为 12 N/mm和 32 N/mm,前后悬架的阻尼系数为 3.5 N·m/s、6.5 N·m/s。用弹簧模拟前后悬架,设置如图 6.16 所示。

(3)转向系模型

该全地形车转向机构包括方向把、转向摇臂和转向拉杆。转向摇臂与方向把通过固定副连接,转向拉杆通过球副与转向摇臂连接,方向把通过转动副与车架连接,驾驶员双手固定在方向把上,如图 6.17 所示。

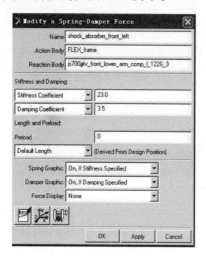

图 6.16　前悬架参数设置

图 6.17　转向系模型

(4)轮胎模型

轮胎是全地形四轮车的重要部件,它不仅支持整车质量,保证汽车与路面有良好的附着性能,传递驱动力矩和制动力矩,确定汽车的行驶方向,而且还和悬架系统共同缓和整车在行驶时由于路面不平所受到的冲击,并衰减由此产生的振动,因此,建立准确的轮胎模型是进行全地形四轮车操纵稳定性和行驶平顺性仿真分析的重要环节。

轮胎与路面的接触问题以及轮胎模型的简化,是国内外学者一直不断探索的问题。目前比较成熟和认可的有 Fiala、DELET、SMITHERS 和 UA 轮胎模型,因 Fiala 轮胎模型需要的参数较少且满足简单行驶平顺性仿真要求,本书采用 Fiala 轮胎模型。轮胎模型的部分参数见表 6.4。

表 6.4　前后轮胎参数

参数名称	前　轮	后　轮
车轮自由半径 R_1/mm	317.5	228.6
车轮宽度 B/mm	203.2	254.2
径向刚度/(N·mm^{-1})	128	136
垂直阻尼/[N·(mm/s)$^{-1}$]	3	3
纵向滑移刚度 CSLIP/N	30 000	30 000
侧偏刚度 CALPHA/[(N·degree)$^{-1}$]	800	800
外倾刚度 CGAMMA/[(N·degree)$^{-1}$]	0	0

续表

参数名称	前 轮	后 轮
滚动阻力矩系数 CRR/mm	0	0
车轮无滑动时的摩擦系数 U_o	0.9	0.9
车轮纯滑动时的摩擦系数 U_l	1	1

(5) 人体模型

国家标准《中国成年人人体尺寸》(GB 10000—1988)按照人体工程学的要求提供了我国成年人人体尺寸的基础数据。标准中总共给出了 7 类 47 项人体尺寸的基础数据。成年人的年龄范围界定为:男 18~60 岁;女 18~55 岁。人体按男、女性别分开列表,且各划分为 3 个年龄段:18~25(男、女)、26~35(男、女)、36~60(男)、36~55(女)。国家标准《成年人人体惯性参数》(GB/T 17245—2004)中规定了成年人人体体段划分的方法,给出了成年人人体惯性参数:人体整体及各体段的质量、质心位置及其转动惯量。标准中将人体分为头、上躯干、下躯干、上臂、前臂、手、大腿、小腿和脚共 15 各部位,并给出了各体段的相对质量分布及转动惯量。我国成年人男子的坐姿人体结构主要尺寸见表 6.5。

表 6.5 中国成年男子(18~60 岁)人体主要尺寸(坐姿)

身高/mm	1 543	1 583	1 604	1 678	1 754	1 775	1 814
体重/kg	44	48	50	59	71	75	83
上臂长/mm	279	289	294	313	333	338	349
前臂长/mm	206	216	220	237	253	258	268
大腿长/mm	413	428	436	465	496	505	523
小腿长/mm	324	338	344	369	369	403	419
坐高/mm	836	858	870	908	947	958	979
坐姿颈椎点高/mm	599	615	624	657	691	701	719
坐姿眼高/mm	729	749	761	798	836	847	868
坐姿肩高/mm	539	557	566	598	631	641	659

由表 6.5 可知,选择成年男子体重为 75 kg 的人体尺寸,然后根据《成年人人体惯性参数》(GB/T 17425—2004)得到人体各体段的惯性参数,见表 6.6,建立了人体坐姿模型。

表 6.6　成年人人体惯性参数

体　段	质量/kg	转动惯量/(kg·mm²)		
		I_x	I_y	I_z
头	6.465	33 827	18 762	32 329
上躯干	12.615	66 578	107 599	114 913
下躯干	20.422 5	277 666	123 524	308 105
上臂	1.822 5	11 855	1 552	11 478
前臂	0.937 5	2 821	738	2 913
手	0.48	—	—	—
大腿	10.642 5	137 902	24 926	135 388
小腿	2.752 5	21 344	2 412	21 566
脚	1.11	—	—	—

　　再将坐姿人体模型通过人与整车的连接点,如手、脚踏、坐垫部位,转换为人体驾驶模型,导入 ADAMS 中,如图 6.18 所示。

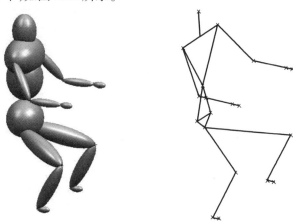

图 6.18　人体模型

　　人体不是一个简单的有质量的物体,它不仅有一定的质量,而且还有一定的阻尼和刚度。人的上体总的来说对低频有放大作用,对高频有抑制作用。

　　在进行动力学建模时对人体进行了一定的简化,忽略了人体内部组织之间的弹性效应,各体段都视为刚体,这样可以简单地反映整个人体的质量分布。各体段之间的约束为:头部与上躯干固定,上躯干与下躯干固定,上臂与上躯干用球副连接,上臂与前臂用万向节连接,前臂与手用转动副连接(前臂只能上下转动)即假定前臂不能左右摆动,人体大腿与下躯干用球副连接,大腿与小腿用万向节连接,小腿与脚用转动副连接(小腿只能上下转动)即假定小腿不能左右摆动,手和脚处与车架通过固定副连接,下躯干与车架之间施加一个移动副(下躯干可相对车架上下移动)。

最终生成的整车多刚体动力学模型如图 6.19 所示。该模型共 58 个部件,约束个数为固定副 22、球副 16、转动副 25、移动副 5、高副 1 和驱动副 2。

图 6.19　多刚体动力学模型

6.3.2　路面及发动机激励模拟

(1)　随机路面的生成

目前,构建路面不平度的方法有谐波叠加法、白噪声法以及基于快速傅里叶变换的 AR 自回归模型法和 ARMA 自回归滑动混合模型法等。

谐波叠加算法能够模拟平稳随机过程,其主要思想是将路面不平度表示成大量具有随机相位的正弦或余弦波函数之和,采用谐波叠加法来构建随机路面模型。

作为车辆振动输入的路面不平度,通常在频域上采用路面功率谱密度的形式来描述其统计特性,按照国标《车辆振动输入—路面不平度表示方法》(GB 7031—1987),路面不平位移功率谱密度拟合表达式为:

$$G_q(n) = G_q(n_0)\left(\frac{n}{n_0}\right)^{-W} \tag{6.5}$$

式中　n——空间频率,m^{-1};

　　　n_0——参考空间频率,$n_0 = 0.1\ \text{m}^{-1}$;

　　　$G_q(n_0)$——路面不平度系数,m^2/m^{-1};

　　　W——频率指数,经验值 $W = 2$。

根据以上理论,利用 MATLAB 编制相应的计算程序得到 B 级路面不平度,如图 6.20 所示。

在 ADAMS 中,不平的路面是由一系列三角形的平面单元组合成的一个三维表面。

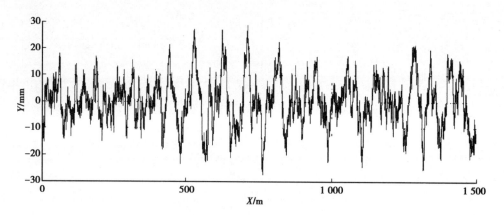

图 6.20　B 级路面不平度

路面结构的空间模型如图 6.21 所示,数字 1、2、3 等表示节点(Node),这些节点的 x、y 坐标要满足一定的规律,图中 x 为全地形车前进方向,y 为垂直向上。

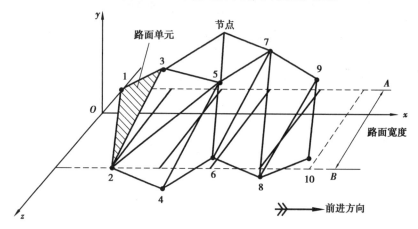

图 6.21　ADAMS 路面结构的空间模型

通过编写 MATLAB 程序使前面产生的随机数据作为路面 y 向的不平度输入,z 坐标仅仅表示路面的宽度,由这些节点按一定的规律组成路面单元(Element),再在路面单元里设置一些参数,就能模拟随机不平路面,最终生成的 B 级路面,如图 6.22 所示。

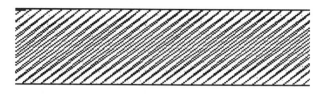

图 6.22　B 级路面模型

(2)发动机激励的确定

在全地形车行驶过程中,除路面不平度对整车的冲击外,由于发动机内部汽缸内周期变化的气体压力和活塞连杆曲柄机构运动时产生的惯性力,导致发动机运转时产生的振动冲击中的很大一部分能量通过车架传递到车把、驾驶员座椅、脚踏等位置,直接影响其乘坐舒适性。

发动机内部运动部件重力产生的激振力一般只在低速重型柴油机中才予以考虑,全地形车采用的是单缸四冲程汽油机,运动部件重力产生的激振力忽略不计。

根据上节得出的理论计算公式及发动机的各个参数,将发动机机体所受的一个惯性力,一个力矩施加在发动机上,如图6.23所示。

图6.23 发动机激励的施加方式

6.3.3 全地形车整车振动舒适性仿真分析

为验证多体动力学模型的正确性。仿真的工况和3.3中的试验一致,分别为等速30、40、50、60 及 70 km/h,路面为 B 级路面。仿真时,车辆加速到指定车速,然后稳定行驶。

(1)整车振动评价仿真结果

利用3.2的分析程序,采用时域法对仿真数据进行处理,得到该全地形车整车振动评价结果,具体见表6.7—表6.9。结果中均包含3.3部分的实测试验分析结果,以便对比分析。

表 6.7　手把各向仿真结果与实验结果对比

工况 /(km·h⁻¹)			手把各向振动评价结果				
			30	40	50	60	70
实验	x	rms	2.020 5	1.850 77	1.847 24	2.416 05	2.352 84
		L	126.109	125.347	125.33	127.662	127.432
	y	rms	2.027 55	2.122 06	2.527 37	3.478 15	2.836 89
		L	126.139	126.535	128.053	130.827	129.057
	z	rms	1.576 5	1.758 85	1.549 31	1.867 33	1.655 79
		L	123.954	124.905	123.803	125.424	124.38
	总加权值	rms	3.267 833	3.319 946	3.492 887	4.628 363	4.040 475
		L	130.285	130.423	130.864	133.309	132.129
仿真	x	rms	1.309 102	1.587 243	1.466 799	1.755 354	2.067 268
		L	122.339	124.013	123.327	124.887	126.308
	y	rms	1.201 02	1.714 913	1.817 004	2.145 264	2.678 3
		L	121.591	124.685	125.187	126.63	128.557
	z	rms	0.976 626	1.709 082	1.119 588	1.294 036	1.499 194
		L	119.795	124.655	120.981	122.239	123.517
	总加权值	rms	2.027 308	2.630 648	2.589 684	3.059 076	3.700 608
		L	126.138	128.401	128.265	129.712	131.365

表 6.8　坐垫各向仿真结果与实验结果对比

工况/(km·h⁻¹)			坐垫各向振动评价结果				
			30	40	50	60	70
实验	x	rms	0.238 598	0.207 965	0.263 287	0.314 736	0.316 842
		L	107.553	106.36	108.409	109.959	110.017
	y	rms	0.190 32	0.142 049	0.192 589	0.222 395	0.241 758
		L	105.59	103.049	105.693	106.943	107.668
	z	rms	0.418 825	0.410 891	0.593 09	0.983 115	0.982 203
		L	112.441	112.275	115.462	119.852	119.844
	总加权值	rms	0.598 322	0.541 432	0.748 546	1.121 433	1.129 62
		L	115.539	114.671	117.484	120.996	121.059

续表

工况/(km·h⁻¹)			坐垫各向振动评价结果				
			30	40	50	60	70
仿真	x	rms	0.167 597	0.219 96	0.216 14	0.245 376	0.272 515
		L	104.485	106.847	106.695	107.797	108.708
	y	rms	0.117 964	0.178 534	0.197 533	0.192 44	0.230 804
		L	101.435	105.034	105.913	105.686	107.265
	z	rms	0.606 648	0.429 408	0.696 728	0.819 788	0.897 115
		L	115.659	112.657	116.861	118.274	119.057
	总加权值	rms	0.615 247	0.746 655	0.711 952	1.179 97	1.293 42
		L	115.781	117.462	117.049	121.437	122.235

表6.9　脚踏 z 向仿真结果与实验结果对比

工况/(km·h⁻¹)			脚踏垂向振动评价结果				
实验	z	rms	0.876 114	0.948 962	0.818 736	1.103 67	1.272 99
		L	118.851	119.545	118.263	120.857	122.096
仿真	z	rms	0.999 413	1.354 286	1.624 349	2.171 025	2.789 455
		L	119.994 9	122.634 2	124.213 6	126.733 3	128.910 4

（2）振动评价仿真结果分析

对以上全地形车整车振动评价仿真分析结果不易观察其规律,将其绘制成图的形式,以便分析,具体如图6.24—图6.32所示,从图中可以看出,仿真结果与道路试验结果接近,比较吻合。

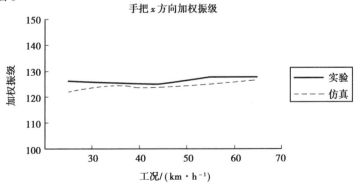

图6.24　手把 x 向加权振级实验仿真对比

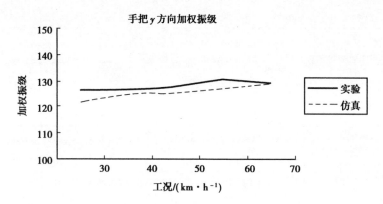

图 6.25　手把 y 向加权振级实验仿真对比

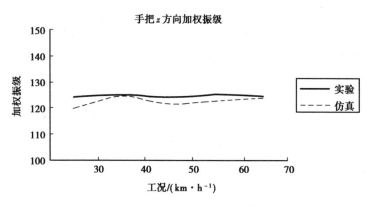

图 6.26　手把 z 向加权振级实验仿真对比

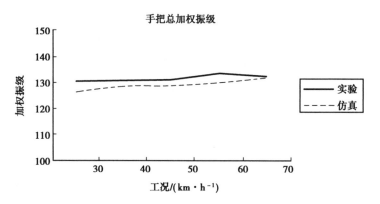

图 6.27　手把总加权振级实验仿真对比

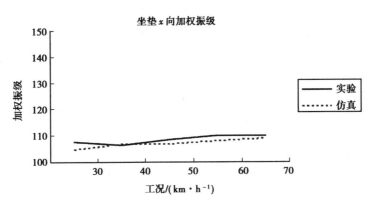

图 6.28　坐垫 x 向加权振级实验仿真对比

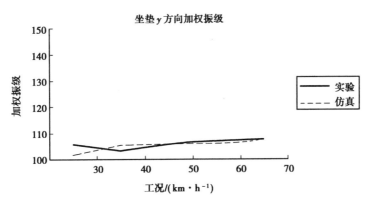

图 6.29　坐垫 y 向加权振级实验仿真对比

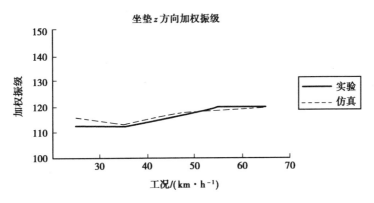

图 6.30　坐垫 z 向加权振级实验仿真对比

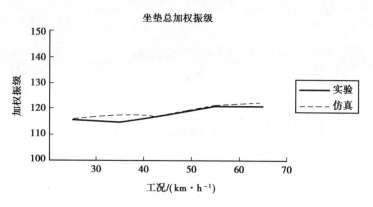

图 6.31 坐垫总加权振级实验仿真对比

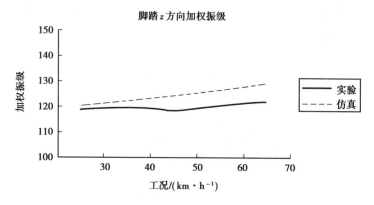

图 6.32 脚踏 z 向加权振级实验仿真对比

6.4 本章小结

本章使用 ADAMS 对摩托车及全地形车进行了整车振动仿真分析,完成了以下主要工作:

①将刚性车架替换为柔性车架,在 ADAMS 中建立了摩托车及全地形车整车刚柔耦合动力学模型。

②在 ADAMS 中建立了用于整车振动仿真的轮胎模型和人体模型。

③生成了 ADAMS/View 格式的随机路面谱文件,并在 ADAMS 中施加了发动机激振力和激振力矩。

④从仿真的角度分析了摩托车及全地形车整车振动状况。全地形车的分析结果表明,仿真结果与试验结果相差不大,所建多体动力学模型正确。

第 7 章

全地形车悬架系统控制策略研究

全地形车机动平台位置(后货架位置)振动状况直接影响其武器装备的使用精度和寿命。对装备有攻击性的武器时,其平台位置垂向振动和左右振动对其攻击精度影响甚大。

为有效控制全地形车机动平台位置振动大小,利用 ADAMS 强大的动力学建模功能和 MATLAB/Simulink 强大的控制仿真功能,建立了两者联合仿真模型。通过所建立的模型,分析了天棚阻尼控制策略、模糊控制策略以及模糊 PID 控制策略的控制效果。

7.1 悬架系统建模

采用 ADAMS 对机械系统建立了相应的虚拟样机几何模型之后,再进行仿真分析时,常常要加上相应的控制系统一起进行联合仿真。ADAMS 提供了两种系统进行仿真的分析方法:一种方法是利用 ADAMS/View 提供的控制工具箱,该工具箱提供了一些简单的控制模块,可以直接在 ADAMS 虚拟样机上添加一些简单的控制系统实现仿真;另一种方法是利用 ADAMS/Controls 模块,将机械系统仿真分析工具和控制系统设计仿真软件有机地连接起来,实现以下功能:

①将复杂的控制系统添加到机械系统样机模型中,然后对机电一体化的系统进行联合分析。

②直接用 ADAMS 程序建立控制系统分析中的机械系统仿真模型,而不需要使用数学公式建模。

③分析在 ADAMS 环境或者控制应用程序环境获得的机电联合仿真结果。

ADAMS/Controls 模块支持同 EASY5、MATLAB 等控制分析软件进行联合仿真。这为机械和控制系统进行联合分析提供了一种全新的设计方法。在传统的机电一体化系统设计过程中,机械工程师和控制工程师在共同开发一个系统时,他们各自都需要建立一个模型,然后分别采用不同的分析软件,对机械系统和控制系统进行独立的设计、调试和试验,最后建造一个物理样机进行机械系统和控制系统的联合调试,如果发现问题,机械工程师和控制工程师又要回到各自的模型进行修改,再进行物理样机联合调试。

采用 ADAMS/Controls 控制模块以后,机械工程师和控制工程师可以共享一个样机模型进行设计、调试和试验。可以利用虚拟样机对机械系统和控制系统进行反复的联合调试,直到获得满意的设计效果,然后进行物理样机的建造和调试。

显然,利用虚拟样机技术对机电一体化系统进行联合设计、调试和试验的方法,同传统的设计方法相比具有明显的优势,可以大大提高设计效率,缩短开发周期,降低开发产品的成本,获得优化的机电一体化系统性能。

ADAMS 和 MATALAB/Simulink 的联合分析包括 4 个步骤,如图 7.1 所示。

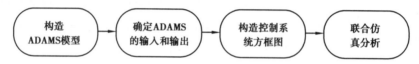

图 7.1　ADAMS 与 MATLAB/Simulink 联合仿真步骤

①构造 ADAMS 样机模型:使用 ADAMS/Controls 模块进行联合仿真分析,首先应构造 ADAMS/View 或 ADAMS/Car 的虚拟样机模型,再或者输入已经构造好的机械系统模型。在机械系统模型中应包括几何模型、各种约束和作用力等。

②确定 ADAMS 的输入输出:通过 ADAMS/View 或者 ADAMS/Solver 中的信息文件或者文件,确定 ADAMS 的输入和输出。这里输出是指进入控制程序的变量,表示从 ADAMS/Controls 输出到控制程序的变量,而输入是指由控制程序返回到 ADAMS 中的变量,表示控制程序的输出。通过定义输入和输出,实现 ADAMS 和控制程序 MATALAB/Simulink 之间的信息封闭循环。

③构造控制系统方框图:在这一部分,分为两种情况:一是在 MATLAB/Simulink 构造的系统框图中将 ADAMS/View 或 ADAMS/Car 建立的机械系统模型作为控制框图中的子模块;二是将 ADAMS/View 或 ADAMS/Car 建立的机械系统所定义的变量作为 MATLAB/Simulink 构造的控制系统框图的一部分输入和输出,然后通过编译后作为机械系统的控制子模块。

④联合仿真分析:此部分,也有两种情况:一是将 MATLAB/Simulink 的控制程序作为主程序,调用 ADAMS/View 或 ADAMS/Car 建立的机械系统模型,按照 MATLAB 的求解算法进行求解运算;二是将 ADAMS/View 或 ADAMS/Car 建立的机械系统模型作为仿真程序,而将控制子模块 MATLAB/Simulink 构造的控制系统框图嵌入 ADAMS 中去。

在全地形车悬架控制系统中,采用 ADAMS/View 建立虚拟样机车辆系统多体动力学模型,与 MATLAB/Simulink 下建立的悬架控制系统进行联合仿真。这种联合仿真所建立的动力学模型相对于在 MATLAB 采用数学公式所建立的动力学模型会更完善和形象,其仿真结果更符合车辆实际行驶情况。

全地形车机动平台位置(后货架位置)振动状况直接影响其武器装备的使用精度和寿命,本章将基于第 6 章建立全地形车虚拟样机模型,并利用 MATLAB/Simulink 建立基于天棚阻尼控制、模糊控制和模糊 PID 控制的悬架控制联合仿真系统模型,以改善全地形车机动平台位置的振动状况。

在 MATLAB 中,ADAMS 模型的表示有以下 3 种方法:

①adams_sub,ADAMS 子函数表示法,包含 S 函数及其他 MATLAB 变量。

②状态空间表示法,适用于线性模型。

③S 函数表示法,适用于非线性模型。

ADAMS 与 MATLAB 的相互通信是通过状态变量来实现的。进行 ADAMS 子模块建模时,将模型参数设置为状态变量的函数,并创建输入输出,然后输出子模块描述文件。在 MATLAB 中将设计好的控制系统与 ADAMS 子模块正确相连,接着进行仿真参数设置,就可进行联合仿真了。这里采用第一种方法。

这里以模糊控制进行说明。图 7.2 为模糊控制策略下整车虚拟样机的 ADAMS 子模块。该模型包含 2 个输入和 6 个输出,2 个输入为后左悬架及后右悬架的控制力,6 个输出分别为后左悬架和后右悬架上方位置的振动加速度以及上下方的振动速度。

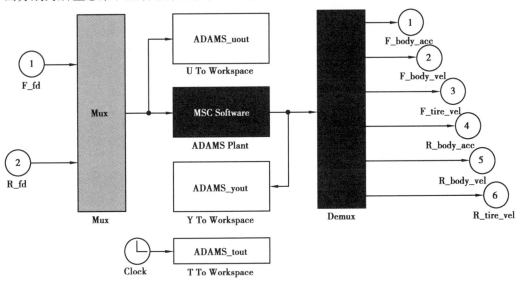

图 7.2　ADAMS 子模块

将全地形车整车虚拟样机的 ADAMS 控制子模块加入不同策略的 Simulink 控制器中,即可得到完整的全地形车悬架控制联合仿真模型。图 7.3 是模糊控制策略的联合仿真模型。

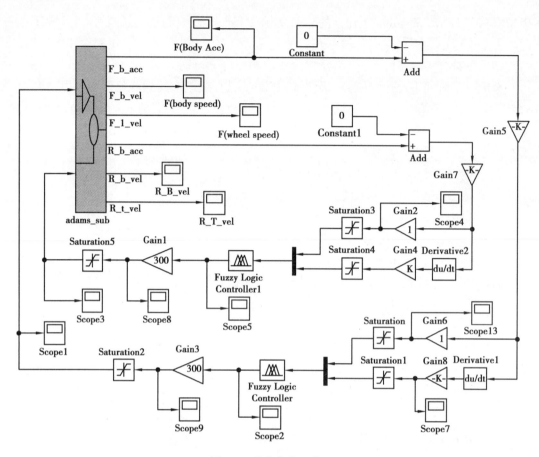

图 7.3　联合仿真程序图

　　利用建立的联合仿真模型便可进行虚拟仿真试验,即可分析各种悬架控制策略的效果。

7.2　天棚阻尼控制策略

　　天棚阻尼控制策略是一种经典的车辆悬架控制方法,常常被作为各种新控制算法比较的对象。天棚阻尼控制的理想模型是设想将阻尼器安装在虚拟的惯性空间和簧载质量之间,这样理想的天棚阻尼力 F_d 为:

$$F_d = -C_{sky}\dot{z}_2 \tag{7.1}$$

式中　C_{sky}——天棚阻尼系数,可根据悬架系统具体参数进行优化获得;

　　　　$\dot{z}_2$——簧上质量的速度。

　　理想的天棚阻尼控制在现实中是无法实现的。通常学者们采用一些等效的方式在一定的范围内实现天棚阻尼控制,图 7.4 就是一种可实现的常用等效天棚阻尼控制模型。

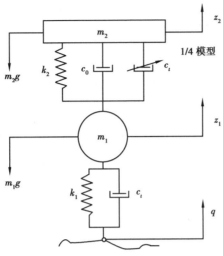

图 7.4　等效天棚控制模型

从图 7.4 的等效天棚控制模型可知,簧上质量 m_2 和簧下质量 m_1 之间的控制阻尼力是可以变化的。根据天棚阻尼等效的原则,控制阻尼力 F_{MR} 应和理想的天棚阻尼力 F_d 相等,即 $F_{MR} = F_d$。

这里定义簧上质量 m_2 和簧下质量 m_1 的相对速度($\dot{z}_2 - \dot{z}_1$),在两者相互分开时为正,以簧上质量的速度 $\dot{z}_2$ 向上的情况讨论是否提供等效的天棚阻尼力:

当簧上质量向上运动,即 $\dot{z}_2 > 0$,且簧上质量和簧下质量相互分离,即($\dot{z}_2 - \dot{z}_1$)> 0 时,减震器处于拉伸状态,其施加在簧上质量上的力是向下,与簧上质量运动方向相反,但与天棚阻尼力同向,故可以使控制阻尼力 $F_{MR} = F_d$。

当簧上质量向上运动,即 $\dot{z}_2 > 0$,且簧上质量和簧下质量相互接近,即($\dot{z}_2 - \dot{z}_1$)< 0 时,减震器处于压缩状态,其施加在簧上质量上的力是向上,与簧上质量运动方向相同,但与天棚阻尼力反向,为尽量减小这种差异,只能取 $F_{MR} = 0$。

同理,可分析 $\dot{z}_2$ 与($\dot{z}_2 - \dot{z}_1$)在其他取值组合的控制情况,这里不做赘述。综合各工况,并考虑控制阻尼力 $F_{MR} \subset [0, F_{max}]$,故控制器的控制阻尼力可表示为:

$$F_{MR} = \begin{cases} F_{max} & \dot{z}_2(\dot{z}_2 - \dot{z}_1) > 0, F_d \geqslant F_{max} \\ C_{sky}\dot{z}_2 & \dot{z}_2(\dot{z}_2 - \dot{z}_1) > 0, F_d < F_{max} \\ 0 & \dot{z}_2(\dot{z}_2 - \dot{z}_1) \leqslant 0 \end{cases} \tag{7.2}$$

将上述控制策略在 MATLAB/Simulink 中实现,结合 ADAMS 的动力学模型,即可建立基于等效天棚阻尼控制的联合仿真模型。

考虑到控制的目标是后货架位置(机动平台)的振动,因此只对后左悬架及后右悬架进行控制。这里,对后左悬架及后右悬架进行单独控制。其中,ADAMS 子模型包含 2 个输入和 6 个输出,2 个输入为后左悬架及后右悬架的阻尼控制力,6 个输出分别为后左悬架、后右悬架上方位置的振动加速度及上下方位置的振动速度。

7.3 模糊控制策略

模糊控制是一种智能控制方法,能模拟人脑的模糊推理机理,按照一定的控制规则,结合实际经验,对系统进行动态调控,具有不依赖对象数学模型,鲁棒性好,实用性强的特点。能很好地适用于悬架的控制,非线性好。

模糊控制基本原理如图 7.5 所示,图中虚线框内是模糊控制的核心部分,即模糊控制器,它的控制规律由计算机程序实现,其模糊控制的算法的过程是:微机经中断采样获取被控制量的精确值,然后将此量与给定值比较得到误差信号 E。一般选取误差信号 E 作为一个输入量。将误差 E 的精确量进行模糊化变成模糊量,从而得到了误差 E 的模糊语言集合的一个子集 e,e 此时实际上是一个模糊向量,最后,由 e 和模糊控制规则进行推理得到控制量 U,再将控制量 U 进行反模糊化处理得到模拟量输给执行机构进行控制。

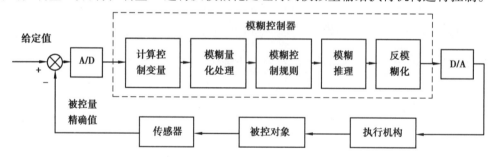

图 7.5 模糊控制基本原理

根据模糊控制的上述基本原理,可见模糊控制具有以下特点:

①在设计系统时可以不需要建立被控对象的数学模型,只要求掌握现场操作人员或者有专家的经验,知识或操作数据。

②适应性较强,研究表明,对于确定的过程对象,用模糊控制与 PID 控制效果相当;但是对于非线性和时变不确定系统,模糊控制则有较好的控制作用,同时对非线性、噪声和纯滞后有较强的抑制能力。

③系统鲁棒性强,对参数变化不灵敏,尤其是适应于非线性时变、滞后系统的控制。

④由工业过程的定性认识,较容易建立语言变量控制。

⑤由不同的观点出发,可以设计几个不同的指标函数,但对一个给定的系统而言,其语言控制规则是分别独立的,且通过整个控制系统的协调,可取得总体的协调控制。

⑥结构简单,系统的软硬件实现比较,对于基本模糊控制器在实际运行时只要进行简单地查表运算,其他过程可离线进行。因此,这种控制方法很容易被工程技术人员和操作者掌握。

7.3.1　模糊控制输入输出变量

在手动控制过程中,人所能获取的基本信息量为误差、误差的变化以及人控制动作的输出量。由于模糊控制器的控制规则一般是根据人的手动控制规则提出的,因此模糊控制器的输入变量也选择为误差 E 和误差的变化 EC,一般选择控制动作的输出量 U 为控制器输出,如图 7.6 所示。

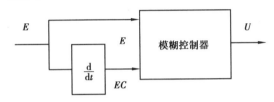

图 7.6　模糊控制器的结构

在图 7.6 所示的模糊控制器中,需先对误差、误差的变化进行模糊化,同时还要对控制变量进行反模糊化。设误差的基本论域(实际变化范围)为 $[-e,e]$,误差变化的基本论域为 $[-ec,ec]$,控制量的基本论域为 $[-u,u]$,其中,e、ec、u 的值由实际测量值确定。

设误差变量的模糊子集的论域为:

$$\{-N,\ -N+1,\cdots,0,\cdots,N-1,N\}$$

误差变化变量的模糊子集的论域为:

$$\{-M,\ -M+1,\cdots,0,\cdots,M-1,M\}$$

控制量所取的模糊子集的论域为:

$$\{-L,\ -L+1,\cdots,0,\cdots,L-1,L\}$$

一般选取 $N\geqslant6,M\geqslant6,L\geqslant7$。

为了进行模糊化处理,必须将输入变量从基本论域转化到相应的模糊集的论域,这中间必须将输入变量乘以相应的因子,从而引出了量化因子的概念。误差的量化因子 K_{e} 及误差变化的量化因子 K_{ec} 分别由下列两式确定:

$$K_{e}=\frac{N}{e} \tag{7.3}$$

$$K_{ec}=\frac{M}{ec} \tag{7.4}$$

同理,对控制器的输出量进行反模糊化时,比例因子由下式确定:

$$K_{u}=\frac{u}{L} \tag{7.5}$$

设计一个模糊控制器除了要有一个好的模糊控制规则外,合理地选择模糊控制器输入变量的量化因子和输出变量的比例因子也是非常重要的。量化因子 K_e 和 K_{ec} 的大小意味着对输入变量误差和误差变化的不同加权程度;比例因子 K_u 的大小也影响着模糊控制系统的特性,过小则使系统动态响应过程变长,过大则会导致系统振荡。

7.3.2　模糊控制规则

考虑到簧上质量的加速度 $\ddot{z}_2$ 相当容易获取,故选用簧上质量加速度 $\ddot{z}_2$ 与期望的簧上质量加速度 $\ddot{z}_{opt}$ 之间的误差及其误差变化率作为输入变量,这里设期望的簧上质量加速度为0;控制阻尼力 F_{MR} 为模糊控制系统的输出。则偏差 e 及偏差的变化率 $\dot{e}$ 定义为:

$$e = \ddot{z}_2 - \ddot{z}_{opt} \tag{7.6}$$

$$\dot{e} = \frac{\mathrm{d}e}{\mathrm{d}t} = \frac{\mathrm{d}(\ddot{z}_2 - \ddot{z}_{opt})}{\mathrm{d}t} \tag{7.7}$$

偏差 e 的论域为 $[-3,3]$,语言变量分为 7 个子项{负大(NB),负中(NM),负小(NS),零(NULL),正小(PS),正中(PM),正大(PB)},模糊子集的隶属函数采用灵敏度较高的三角形函数,具体的隶属度函数如图 7.7 所示。

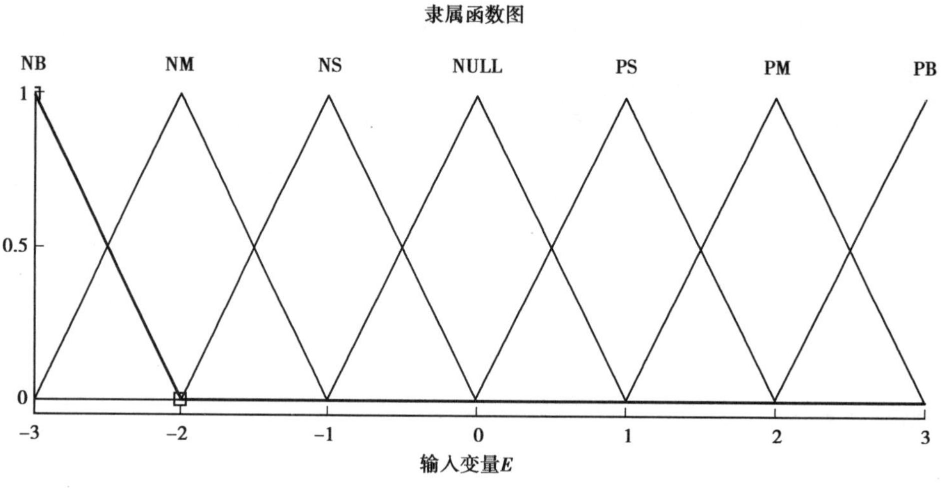

隶属函数图

图 7.7　e 的隶属函数

偏差变化率 $\dot{e}$ 的论域为 $[-3,3]$,语言变量分为 5 个子项{负大(NB),负小(NS),零(NULL),正小(PS),正大(PB)},模糊子集的隶属函数同样采用灵敏度较高的三角形函数。

控制力输出的论域为 $[-1,1]$,语言变量为 5 个子项{负大(NB),零(NULL),正小(PS),正大(PB)},模糊子集的隶属函数也采用灵敏度较高的三角形函数。

根据悬架控制过程中的输入、输出语言变量之间的经验关系,可以制订出模糊控制逻辑控制规则集,见表7.1。这样的模糊控制策略含有49条模糊规则,以第一条为例,则当误差为负大且误差变化为负大时,则控制输出为正大,它表示的物理意义是质量加速度 $\ddot{z}_2$ 与期望的簧上质量加速度 $\ddot{z}_{opt}$ 之间的误差为负大且以最大速率继续增大时,控制阻尼力的增量为正的最大。模糊推理的方式采用 Mamdani 极小极大推理。控制器解模糊判决方式采用重心法。

表 7.1　悬架模糊控制规则

e	$\dot{e}$				
	NB	NS	NULL	PS	PB
NB	PB	PB	PS	PS	NULL
NM	PB	PS	PS	NULL	NULL
NS	PS	PS	NULL	NULL	NULL
NULL	PS	NULL	NULL	NULL	NS
PS	NULL	NULL	NULL	NS	NS
PM	NULL	NULL	NS	NS	NB
PB	NULL	NS	NS	NB	NB

因要控制的是平台处的振动,即后货架位置。实际联合仿真时,对后左悬架和后右悬架进行单独控制。联合仿真模型中 ADAMS 子模块包含 2 个输入和 6 个输出,2 个输入为后左悬架及后右悬架的控制力,6 个输出分别为后左悬架、后右悬架上方位置的振动加速度及上下方位置的振动速度。模糊控制器偏差 e、变化率 $\dot{e}$ 和控制力的量化因子分别为 1、0.008、300。

7.4　模糊 PID 控制策略

7.4.1　模糊 PID 控制原理

PID 控制具有原理简单、使用方便等优点。但常规 PID 控制器不能在线整定参数,并且对于车辆这种参数不易确定的非线性系统,难以得到预期控制效果。而模糊控制不需对被控对象精确地建模,对过程参数的变化不敏感,具有很强的鲁棒性。它根据经验制订控制规则,得出控制决策表,然后求出控制量的大小。但是模糊控制器只能取有限的控制等级,限制了控制精度的提高。模糊 PID 控制兼顾 PID 控制和模糊控制的优点,能获得良好的控制效果。其原理如图7.8所示。

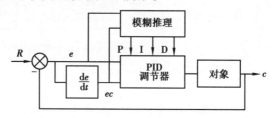

图 7.8　模糊 PID 控制系统框图

图7.8中,P、I、D分别代表PID控制器的3个参数K_p、K_i、K_d,将控制量c与输入量R进行比较,得到误差e和误差变化率ec。然后找出 PID 3 个参数与误差和误差变化率之间的模糊关系,在运行中通过不断检测e和计算ec,再根据模糊控制原理来对3个参数进行修正,以满足在不同e和ec时对控制器参数的不同要求,从而使被控对象具有良好的动、静态性能。

7.4.2　悬架模糊 PID 控制器

根据7.4.1的模糊PID控制原理来设计全地形车悬架模糊控制策略。为获得较好的控制效果,将模糊控制器的输出设定为ΔP、ΔI和ΔD,则 PID 控制器的输入为$P+a\Delta P$、$I+b\Delta I$和$D+c\Delta D$,其中P、I和D为初始值,a、b和c为模糊控制器的输出量化因子。

由模糊PID的原理可知,模糊 PID 控制的关键是模糊规则表的制作。一般情况下,PID 参数的整定规则为:当|e|比较大时,为使系统具有较好的快速跟踪性能,应取较大的K_p与较小的K_d,同时为避免响应出现较大的超调,应对积分加以限制;当|e|处于中等大小时,为使系统响应具有较小的超调,K_p应取得小些,K_i和K_d的大小要适中,以保证系统的响应速度;当|e|较小时,为使系统具有较好的稳态性能,K_p和K_i均应取得大些,同时为避免系统振荡,并考虑系统的抗干扰性能,当|ec|比较小时,K_p值要取大些,反之,应取小些。

按此调整规律,先确定初始值K_p、K_i和K_d,然后结合调试过程中的经验来确定的模糊规则表。表7.2、表7.3、表7.4分别为ΔK_p、ΔK_i、ΔK_d的控制规则表。

表 7.2　ΔK_p 控制规则

E	EC				
	NB	NS	ZE	PS	PB
NB	PB	PB	PB	PB	PB
NS	PS	PS	PS	PS	PS
ZE	ZE	ZE	ZE	ZE	ZE
PS	PS	PS	PS	PS	PS
PB	PB	PB	PB	PB	PB

表 7.3　ΔK_i 控制规则

E	EC				
	NB	NS	ZE	PS	PB
NB	NS	ZE	ZE	ZE	NS
NS	PS	PB	ZE	PB	PS
ZE	PS	PB	ZE	NS	NB
PS	NS	NB	ZE	NB	NS
PB	NS	ZE	ZE	ZE	NS

表 7.4　ΔK_d 控制规则

E	EC				
	NB	NS	ZE	PS	PB
NB	ZE	ZE	ZE	ZE	ZE
NS	PS	PB	ZE	NB	NS
ZE	PS	PB	ZE	NB	NS
PS	NS	NB	ZE	NB	NS
PB	ZE	ZE	ZE	ZE	ZE

对 PID 控制器中的参数 $K_p+a\Delta K_p$、$K_i+b\Delta K_i$ 和 $K_d+c\Delta K_d$ 则可通过模糊控制器的输出量 ΔK_p、ΔK_i、ΔK_d 来实时在线自整定,则可实现模糊 PID 控制。模糊控制器的输入变量为簧上质量加速度 $\ddot{z}_2$ 与期望的簧上质量加速度 $\ddot{z}_{opt}$ 之间的误差及其误差变化率作为输入变量,这里设期望的簧上质量加速度为 0。

将误差的论域定义为 $[-3,3]$,语言变量分为 5 个子项｛负大(NB),负小(NS),零(ZE),正小(PS),正大(PB)｝。模糊子集的隶属函数采用灵敏度较高的三角形函数。

将误差变化率的论域定义为 $[-6,6]$,语言变量分为 5 个子项｛负大(NB),负小(NS),零(ZE),正小(PS),正大(PB)｝。模糊子集的隶属函数同样采用灵敏度较高的三角形函数。

3 个模糊控制器的输出分别为 ΔK_p、ΔK_i、ΔK_d。其中 ΔK_p 论域定义为 $[0,3]$,其论域上有 3 个语言变量值｛零(ZE),正小(PS),正大(PB)｝;ΔK_i 的论域定义为 $[-3,3]$,其论域上有 5 个语言变量值｛负大(NB),负小(NS),零(ZE),正小(PS),正大(PB)｝;ΔK_d 的论域定义为 $[-1,1]$,其论域上有 5 个语言变量值｛负大(NB),负小(NS),零(ZE),正小(PS),正大(PB)｝。图 7.9 为 ΔK_p 的模糊推理决策结果。

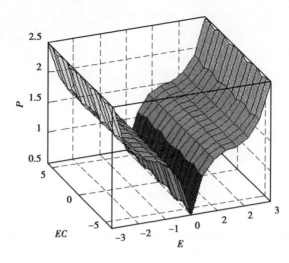

图 7.9 ΔK_p 的模糊推理决策结果

与模糊控制一样,对后左悬架和后右悬架进行单独控制。联合仿真模型中 ADAMS 子模块包含 2 个输入和 6 个输出,2 个输入为后左悬架及后右悬架的控制力,6 个输出分别为后左悬架、后右悬架上方位置的振动加速度及上下方位置的振动速度。模糊控制器偏差 e、变化率 $\dot{e}$、ΔK_p、ΔK_i 和 ΔK_d 量化因子分别为 3、0.04、20、1、0.1,模糊 PID 控制器中 K_p、K_i 和 K_d 的初始值为 120、7、0.1。

7.5 结果分析

考虑到全地形车行驶工况比较恶劣,且兼顾对控制器性能的评价,将仿真的工况定为等速 20、40、60 及 80 km/h,路面为 D 级路面。仿真时,车辆加速到指定车速,然后稳定行驶。这里以 40 km/h 工况下,后左悬架为例进行说明。

图 7.10 为未控制时后左悬架上下方振动加速度,其中 F_tire_acc 为悬架下方振动加速度,F_body_acc 为上方振动加速度。从图 7.10 中可知,悬架上方振动加速度有较多的地方超过了下方的加速度,振动较大。

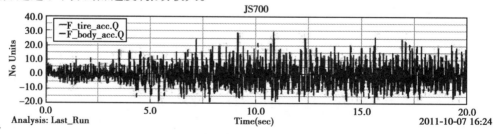

图 7.10 未控制时后左悬架上下方振动加速度

图 7.11 为天棚阻尼控制时后左悬架上下方振动加速度及控制力,其中 F_tire_acc 为悬架下方振动加速度,F_body_acc 为上方振动加速度,F_fd 为控制力。很明显,控制后悬架上方振动加速度多数地方明显小于悬架下方振动加速度,其振动得到了有效控制,且控制力变化较为合理。

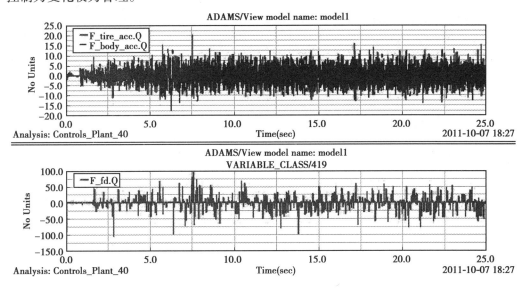

图 7.11　天棚阻尼控制时后左悬架上下方振动加速度及控制力

图 7.12 为模糊控制时后左悬架上下方振动加速度及控制力,其中 F_tire_acc 为悬架下方振动加速度,F_body_acc 为上方振动加速度,F_fd 为控制力。同样,悬架上方振动加速度得到了有效控制,但控制力变化比天棚控制频繁。

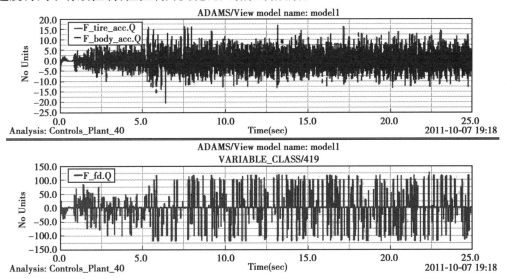

图 7.12　模糊控制时后左悬架上下方振动加速度及控制力

　　图 7.13 为模糊 PID 控制时后左悬架上下方振动加速度及控制力,其中 F_tire_acc 为悬架下方振动加速度,F_body_acc 为上方振动加速度,F_fd 为控制力。从图 7.13 中可知,控制力变化均称,悬架上方振动加速度也得到了有效控制。另外,加速段控制效果好,说明其控制效果稳定,鲁棒性强。

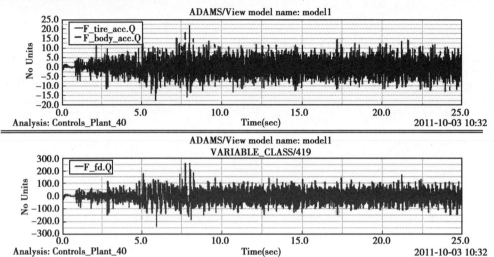

图 7.13　模糊 PID 控制时后左悬架上下方振动加速度及控制力

　　上面仅仅从主观上了解了时域下各个控制策略的情况。这里,同样以后左悬架 40 km/h 工况为例,分析其频响函数特性。将所得的数据从 10 s 开始,对其进行频响函数分析,最后得到的频响函数图如 7.14 所示。

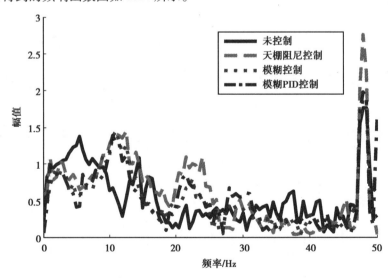

图 7.14　各种工况下的频响函数图

　　由图 7.14 可知,在悬架减振频率 10 Hz 以内,天棚阻尼控制、模糊控制和模糊 PID 控制均有明显减振效果。且从性能上看,模糊 PID 控制优于模糊控制,模糊控制优于天棚阻尼控制。

以上从时域和频域客观地评价了 3 种控制策略的效果。下面用客观的角度来分析这 3 种控制策略。因为最终的控制目的是使平台位置(后货架处)的振动尽量小,故以平台处振级进行定量评价。各种控制策略下平台处振动,见表 7.5。

表 7.5 平台处振级

控制状况		车速/(km · h⁻¹)			
		20	40	60	80
未控制	x	126.775	130.765	132.383	133.771
	y	128.928	136.302	140.275	141.963
	z	133.068	139.508	140.807	141.741
	合成	135.164	141.58	143.879	145.189
天棚控制	x	126.082	128.182	129.871	131.721
	y	126.027	130.094	133.911	136.313
	z	132.624	135.228	138.615	141.19
	合成	134.21	137.001	140.294	142.769
模糊控制	x	124.653	126.58	127.33	128.295
	y	125.812	131.099	132.502	133.596
	z	129.554	134.361	137.021	139.491
	合成	131.975	136.506	138.666	140.74
模糊 PID 控制	x	125.047	126.286	127.448	128.404
	y	120.443	129.868	132.144	134.964
	z	129.627	132.91	135.92	137.322
	合成	131.297	135.25	137.855	139.65

由表 7.5 可知,3 种控制策略的效果均非常明显,和各种控制策略在频域内的分析结果一致,模糊 PID 控制效果最佳,其次是模糊控制,最差的是天棚阻尼控制。其中,模糊 PID 控制策略在各个工况下的控制效果均超过 3 dB,效果非常明显。

7.6　本章小结

本章使用 ADAMS 和 Simulink 建立了全地形车悬架联合仿真模型,并对天棚阻尼控制策略、模糊控制策略及模糊 PID 控制策略进行了仿真分析。主要工作如下:

①建立了包括天棚阻尼控制、模糊控制和模糊 PID 控制的全地形车悬架控制联合仿真模型。

②从时域和频域主观评价了天棚阻尼控制、模糊控制和模糊 PID 控制的效果,并给出了 3 种控制策略的定量控制效果。

③天棚阻尼控制、模糊控制和模糊 PID 控制的主观和客观评价表明,模糊 PID 控制效果最佳,其次是模糊控制,最差的是天棚阻尼控制。

第 **8** 章

研究总结

8.1　主要结论

对摩托车及全地形车的整车振动评价及控制展开系统研究,重点研究摩托车及全地形车整车振动评价及控制的关键技术。取得了如下主要成果:

①深入全面地研究了国内外关于人体振动评价的研究成果。参照 ISO 2631、ISO 5349等标准评价手把、坐垫、脚踏处的振动。其中坐垫位置为全身振动,手把和脚踏位置为局部振动。结合摩托车及全地形车的自身特性,建立了摩托车及全地形车整车振动的评价方法,以手把、坐垫及脚踏处加权振级来评价驾驶员振动舒适性,以货架处振动加速度均方根值或振级为指标评价货架的振动。在分析摩托车及全地形车的手把、坐垫、脚踏处振动时,采用时域法和频域法两种计算方法,且频域法中包含经典谱估计和现代谱估计两个方法。

②为满足摩托车及全地形车整车振动测试的需求,基于虚拟仪器理念并结合现有的硬件设备,搭建了可脱离计算机独立进行数据采集测试的便携式硬件系统。考虑读取试验数据的方便性,开发了一套基于 IMC FAMOS 的摩托车及全地形车振动分析软件,使用该分析软件可采用时域法和频域法对人体承受的振动进行评价分析。应用搭建的便携式硬件系统,以两款全地形车为例,进行了整车振动道路试验,并采用开发的整车振动分析软件对其进行整车振动评价。分析结果表明,时域法和频域法的结果相差很小,都可准确评价全地形车的振动。但由于时域法思路清晰,计算速度快,推荐使用时域法进行评价。

③从基本理论出发,介绍了结构动态特性分析的两种方法,即解析法和实验法。结合工程实际应用,对解析法和实验法的一般步骤进行了描述。并以某款摩托车和某款全地形车为例,对其车架及车架挂发动机进行了动态特性分析。用解析法分析车架挂发动机动态特性时,以有限元分析的基本原理为基础,找出了影响解析法结果的参数,结合简化模拟仿真分析,提出将发动机简化为相同质心、质量及转动惯量的简化模拟方法,进而建立车架挂发动机有限元模型。试验法和解析法的结果对比表明,所提出的发动机简化方法可行且易于实施。

④以一款摩托车及两款全地形车为例,从车架及车架挂发动机的动态特性角度出发,分析了路面不平度激励及发动机激励对车架及车架挂发动机动态特性的影响。结合分析结果,分别对车架及车架挂发动机的结构进行改进,改进后的分析结果表明,所提出的改进措施可行且易实施。

⑤分析了车架挂发动机后,发动机对车架的动态特性影响。结果表明,车架挂发动机后,一阶左右摆动和一阶上下弯曲模态刚度增大,结构动特性发生了较大的变化。车架的固有频率和振型的变化是由于挂上发动机后,整车质量分布改变了,且车架与发动机的螺栓刚性链接也改变了车架挂发动机的结构刚度,从而引起车架挂发动机动态特性的改变。

⑥以全地形车为例,将发动机位置进行前后、左右平动,分析发动机位置对车架挂发动机动态特性的影响。分析结果表明,该款全地形车发动机平动位置较为合理,后续优化工作需要考虑转动位置。应用形状优化的方法,以发动机在车架上的前后、左右、上下安装位置和俯仰角度为变量,以提高车体一阶模态频率为目标,进行了优化。根据优化的结果,调整了发动机的安装位置和俯仰角度,使车体的一阶模态频率提高了大约 5 Hz。

⑦以某款全地形车为例,建立了其悬置系统刚体动力学建模,分析了其悬置系统固有频率及各个方向能量解耦情况。以各阶模态能量百分比占优的方向上的能量解耦率最大为目标函数,4 个悬置件的三向刚度为优化变量,采用模拟退火算法对悬置系统进行了能量解耦优化。结果表明,优化效果不是非常明显,说明该款全地形标杆车悬置系统设计较为合理。

⑧运用多体动力学软件 ADAMS 建立了摩托车及全地形车刚柔耦合多体动力学模型,包含柔性车架有限元模型、前后悬架模型、转向系模型、轮胎模型和人体模型。采用谐波叠加法生成了 ADAMS/View 格式的随机路面谱文件,并在 ADAMS 中施加了发动机激振力和激振力矩,进而从动力学仿真的角度分析了摩托车及全地形车整车振动,为后续控制策略研究提供基础。

⑨以全地形车为例,建立了包括天棚阻尼控制、模糊控制和模糊 PID 控制的全地形车悬架控制联合仿真模型,从主观和客观上评价了 3 种控制策略效果。结果表明,模糊 PID 控制效果最佳,其次是模糊控制,最差的是天棚阻尼控制。

8.2 主要创新及展望

(1) 主要创新

①深入研究国内外人体振动研究成果,建立基于时域和频域的摩托车及全地形车整车振动评价方法。并在此基础上搭建了摩托车及全地形车硬件测试系统,开发了基于IMC FAMOS 的后处理软件。利用搭建的摩托车及全地形车整车振动评价硬软件系统,对两款全地形车进行了整车振动评价分析。分析结果表明,时域法和频域法的结果相差很小,都可准确评价全地形车的振动。但由于时域法思路清晰,计算速度快,推荐使用时域法进行评价。

②针对全地形车车架挂发动机有限元建模过程中发动机三维模型建立及网格划分难度均较大的情况,从有限元分析的基本原理出发,找出了发动机简化模拟建模时,对其动态特性结果影响较大的质量、质心、转动惯量等参数。模拟仿真分析结果同样表明考虑了质量、质心、转动惯量 3 个参数的有限元简化形体仿真结果与复杂形体(如发动机)最为吻合。进而提出将发动机简化为相同质心、质量及转动惯量的长方体,建立车架挂发动机有限元简化模型。试验法和解析法的结果对比表明,所提出的发动机简化方法可行,能达到在设计或改进阶段预测各种性能的目的,节约了大量的时间和成本。

③以一款摩托车及两款全地形车为实例,从车架及车架挂发动机的动态特性角度出发,讨论了路面激励和发动机激励对车架或车架挂发动机动态特性的影响,进而发现了其结构设计上的不足之处。结合分析结果,提出了简单且易实施的修改方案。改进后的分析结果表明,所提出的改进方案均可明显改善车架或车架挂发动机的结构动态特性,有利于摩托车及全地形车整车振动的控制。

④发动机平动位置对车架挂发动机动态特性的影响分析结果表明,某款全地形车发动机平动位置较为合理,后续优化工作需要考虑转动位置。采用形状优化方法,以发动机安装位置和俯仰角度为变量对车架挂发动机的动态特性进行优化。优化结果表明,在保障其他几阶频率变化较小的情况下,将发动机向后平移 17 mm,向右平移 40 mm,向上平移 1.5 mm,绕横向顺时针转动 10.2°后,可提高车架挂发动机的一阶模态频率 4.9 Hz。

(2) 今后研究工作展望

本书研究了摩托车及全地形车整车振动的关键技术,提出了摩托车及全地形车整车振动评价方法,开发了硬件测试系统和后续软件分析系统,研究了车架及车架挂发动机结构动态特性,建立了摩托车及全地形车刚柔耦合多体动力学模型,并在此基础上探讨了悬架系统控制策略。但是摩托车及全地形车整车振动及控制涉及因素众多,结构非常复杂,许多特性及影响因素还有待深入研究,主要体现在以下几个方面:

①发动机与整车振动匹配研究时,未将车架挂发动机动态特性与悬置系统进行结合

优化,有待继续深入研究。

②在对摩托车及全地形车整车振动仿真时,路面模型是通过计算机模拟出来的,而不是通过采集器进行采集所得到的真实路面谱。

③在对全地形车悬架控制策略分析时,未考虑控制力执行机构的特点,有待继续深入研究。

参考文献

[1] 郑林. 日本最新型四轮摩托车[J]. 摩托车技术,1994(1):25-27.

[2] RODGERS G B. The characteristics and use patterns of all-terrain vehicle drivers in the United States[J]. Accident Analysis and Prevention,1999,31(3):409-419.

[3] MORONEY P, DOYLE M, MEALY K. All-terrain vehicles-unstable, unsafe and unregulated A prospective study of ATV-related trauma in rural Ireland[J]. Injury, Int. J.Care Injured,2003(34):203-205.

[4] FOROUHAR A. All-Terrain Vehicles Frequency Domain Response Analysis and Rider Behavior[J]. Proceedings of the 1997 IEEE International Conference on Control Applications Hartford,1997(5-7):183-188.

[5] TREBI-OLLENNU A, DOLANAND J M, KHOSLA P K. Adaptive fuzzy throttle control for an all-terrain vehicle[J]. Proceedings of the Institution of Mec-chanical Engineers, Part I. Journal of Systems and Control Engineering, 2001,215(13):189-198.

[6] BURG van der J, BLAZEVIC P. Anti-Lock Braking and Traction Control Concept for All-Terrain Robotic Vehicles[J].Proceedings of the 1997 IEEE International Conference on Robotics and Automation Albuquerque,New Mexico, 1997:1400-1405.

[7] 李陆山. 宗申 ZS100ST 全地域车特点介绍[J]. 摩托车技术,2002(5):26.

[8] 杨光元. 建设推出 JS400"悍虎"全地形车[J]. 摩托车技术,2005(5):30.

[9] 余志生.汽车理论[M].4 版.北京:机械工业出版社,2002.

[10] International Standard Organization. ISO 2631-1—1997. Mechanical vibration—Measurement and evaluation of human exposure to hand-transmitted vibration-Part 1: General requirements[S].

［11］LUNDSTROM R，HOLMLUND P，LINDBERG L. Absorption of energy during vertical whole-body vibration exposure［J］. Journal of Biomechanics，1998，31（4）：317-326.

［12］LUNDSTROM R，HOLMLUND P. Absorption of energy during whole-body vibration exposure［J］. Journal of Sound and Vibration，1998，215（4）：789-799.

［13］JANEWAY R N. Human Vibration Tolerance Criteria and Applications to Ride Evaluation［C］. SAE Paper No 750166，1975.

［14］MAEDA S，MANSFIELD N J，SHIBATA N. Evaluation of subjective responses to whole-body vibration exposure：effect of frequency content［J］. International Journal of Industrial Ergonomics，2008，38（5-6）：509-515.

［15］MANSFIELD N J，HOLMLUND P，LUNDSTROM R. Comparison of subjective responses to vibration and shock with standard analysis methods and absorbed power［J］. Journal of Sound and Vibration，2000，230（3）：477-491.

［16］ELS P S. The applicability of ride comfort standards to off-road vehicles［J］. Journal of Terramechanics，2005，42（1）：47-64.

［17］LEWIS C H，GRIFFIN M J. A comparison of evaluations and assessments obtained using alternative standards for predicting the hazards of whole-body vibration and repeated shocks［J］. Journal of Sound and Vibration，1998，215（4）：915-926.

［18］GRIFFIN M J. A comparison of standardized methods for predicting the hazards of whole-body vibration and repeated shocks［J］. Journal of Sound and Vibration，1998，215（4）：883-914.

［19］PADDAN G S，GRIFFIN M J. Evaluation of whole-body vibration in vehicles［J］. Journal of Sound and Vibration，2002，253（1）：195-213.

［20］MANSFIELD N J，GRIFFIN M J. Effect of magnitude of vertical whole-body vibration on absorbed power for the seated human body［J］. Journal of Sound and Vibration，1998，215（4）：813-825.

［21］GRIEFAHN B，BRODE P. The significance of lateral whole-body vibrations related to separately and simultaneously applied vertical motions. A validation study of ISO 2631［J］. Applied Ergonomics，1999，30（6）：505-513.

［22］MANSFIELD N J，GRIFFIN M J. Difference thresholds for automobile seat vibration［J］. Applied Ergonomics，2000，31（3）：255-261.

［23］PARSONS K C，GRIFFIN M J. Whole-body vibration perception thresholds［J］. Journal of Sound and Vibration，1988，121（2）：237-258.

［24］NAWYSEH N，GRIFFIN M J. Effect of seat surface angle on forces at the seat surface during whole-body Vertical vibration［J］. Journal of Sound and Vibration，2005，284（3-5）：613-634.

［25］GRIEFAHN B, BRODE P. The significance of lateral whole-body vibrations related to separately and simultaneously applied vertical motions. A validation study of ISO 2631［J］.Applied Ergonomics,1999,30(6):505-513.

［26］MORIOKA M, GRIFFIN M J. Magnitude-dependence of equivalent comfort contours for fore-and-aft, lateral and vertical whole-body vibration［J］. Journal of Sound and Vibration,2006,298(3):755-772.

［27］GRIFFIN M J. The evaluation of vehicle vibration and seats［J］.Applied Ergonomics,1978,9(1):15-21.

［28］PARSONS K C, GRIFFIN M J. Whole-body vibration perception thresholds［J］.Journal of Sound and Vibration,1988,121(2):237-258.

［29］MANSFIELD N J, GRIFFIN M J. Difference thresholds for automobile seat vibration［J］.Applied Ergonomics,2000,31(3):255-261.

［30］MAEDA S, MANSFIELD N J, SHIBATA N. Evaluation of subjective responses to whole-body vibration exposure:effect of frequency content［J］.International Journal of Industrial Ergonomics,2008(38):509-515.

［31］陈荫三,高利.卧姿人体承受全身振动降低舒适界限的研究［J］.汽车工程,1991(4):208-213.

［32］马广发.汽车平顺性的试验研究及评价指标的探讨［J］.汽车工程,1983(1):20-27.

［33］卢士富.关于国际标准 ISO 2631 的认识和修改［J］.长安大学学报:自然科学版,1993,13(4):58-63.

［34］卢士富.GB 报批稿《客车平顺性评价指标及限值》的实践［J］.客车技术与研究,1990(3):221-225.

［35］赵六奇,刘锋.参照国际标准 ISO 2631 的新草案修订汽车平顺性的评价方法［J］.汽车工程,1993(6):371-377.

［36］高树新,宫镇.汽车脉冲输入平顺性评价指标限值的研究［J］.汽车技术,1996(9):1-4.

［37］郑郿.汽车振动舒适性的测量与评价［J］.客车技术与研究,2000,22(4):23-26.

［38］杜子学.基于乘用车型平顺性分析的新指标——汽车综合振动舒适度 C_{gv}［J］.西南交通大学学报,2000,35(2):152-154.

［39］王秉刚,张志光,孟祥符.对汽车平顺性物理量评价指标的试验验证及讨论［J］.汽车技术,1982(3):2-7.

［40］刘建中,铃木近,青木弘行,等.汽车乘坐舒适性主观评价模型的构筑［J］.汽车技术,1994(9):11-20.

［41］张洪欣,林宁,林逸.模糊数学在行驶平顺性评价中应用的初探［J］.吉林工业大学学报:工学版,1985(3):45-53.

[42] 王秉刚.应用数学统计方法进行汽车平顺性的感觉评价[J].汽车技术,1981(1):25-29,54.

[43] 长春汽车研究所.汽车平顺性随机输入行驶试验方法:GB 4970—1985[S].北京:中国标准出版社,1985.

[44] 长春汽车研究所.汽车平顺性脉冲输入行驶试验方法:GB 5902—1986[S].北京:中国标准出版社,1986.

[45] 长春汽车研究所.汽车平顺性随机输入行驶试验方法:GB 4970—1996[S].北京:中国标准出版社,1996.

[46] BURSTRÖM L,LUNDSTRÖM R,HAGBERG M, et al.Comparison of different measures for hand-arm vibration exposure[J].Safety Science,1998,28(1):3-14.

[47] DONG R G, SCHOPPER A W, MCDOWELL T W, et al. Vibration energy absorption (VEA) in human fingers-hand-arm system[J].Medical Engineering & Physics,2004,26(6):483-492.

[48] DONG R G, WELCOME D E, MCDOWELL T W. Frequency weighting derived from power absorption of fingers-hand-arm system under z_h-axis vibration [J]. Journal of Biomechanics,2006,39(12):2311-2324.

[49] DONG R G, WU J Z, MCDOWELL T W, et al. Distribution of mechanical impedance at the fingers and the palm of the human hand[J].Journal of Biomechanics,2005,38(5):1165-1175.

[50] BURSTRÖM L, LUNDSTRÖM R. Absorption of vibration energy in the human hand and arm[J].Ergonomics,1994,37(5):879-890.

[51] International Standard Organization.ISO 5349-1-2001.Mechanical vibration-Measurement and evaluation of human exposure to hand-transmitted vibration-Part 1:General requirements.

[52] 吉林省劳动保护科学研究所.人体手传振动的测量与评价方法:GB 14790—1993[S].北京:中国标准出版社,1993.

[53] International Standard Organization.ISO 5349-1-10—1986.Mechanical vibration-guidelines for the measurement and the assessment of human exposure to hand-transmitted vibration.

[54] 苏清祖,翁家昌.手承受振动的评价标准——兼对我国手扶拖拉机振动标准的建议[J].拖拉机,1987,14(6):46-50.

[55] 苏清祖,王锦雯,杨超珍.手把振动新的评价方法和对几种振动机械的评价[J].江苏工学院学报,1987,8(2):99-102.

[56] 范永法,吴起亚,苏清祖,等.手扶拖拉机、拖车机组行驶振动分析与行驶平顺性的初步评价[J].农业机械学报,1983,14(3):21-33.

[57] RIMELL A N, NOTINI L, MANSFIELD N J, et al. Variation between manufacturers' declared vibration emission values and those measured under simulated workplace conditions for a range of hand-held power tools typically found in the construction industry[J].International Journal of Industrial Ergonomics,2008,38(9-10):661-675.

[58] 大久保信行. 机械模态分析[M]. 尹传家,译.上海:上海交通大学出版社,1985.

[59] 傅志方. 振动模态分析与参数辨识[M]. 北京:机械工业出版社,1990.

[60] 沃德·海伦,斯蒂芬·拉门兹,波尔·萨斯. 模态分析理论与试验[M]. 白化同,郭继忠,译. 北京:北京理工大学出版社,2001.

[61] 洛根. 有限元方法基础教程[M]. 伍义生,吴永礼,等,译. 北京:电子工业出版社,2003.

[62] 龚培康. 汽车拖拉机有限元法基础[M]. 北京:机械工业出版社,1995.

[63] 王勖成. 有限单元法[M]. 北京:清华大学出版社,2003.

[64] 张令弥,张春宁,曾庆华,等. 多通道动态测试分析系统研制与应用[J]. 振动与冲击,1995,14(3):1-4.

[65] 李克强,何渝生. 汽车实验模态分析微机系统的开发及应用[J]. 汽车工程,1992,14(1):53-59.

[66] 田飞. 汽车结构动态特性试验测试分析系统的开发及应用[D]. 重庆:重庆大学, 1998.

[67] MOURELATOS Z P. An Efficient Crankshaft Dynamic Analysis Using Substructuring with Ritz Vectors[J]. Journal of Sound and Vibration,2000,238(3):495-527.

[68] MAKOTO I, YUKIO N. Development of Resin Gear Balance Shaft System for 2AZ-FE Engine[J]. JSAE Review, 2002,23(1):27-32.

[69] REGIS V S,CHARLES J L. Design of Elastomeric Vibration Isolation Mounting Systems for Internal Combustion Engine[J]. SAE MOBILUS:760431.

[70] YUNHE Y, NAGI N G. A Literature Review of Automotive Vehicle Engine Mounting Systems[J]. Mechanism and Machine Theory, 2001,36(1):123-142.

[71] MIROSLAV D. A Contribution to the Optimization of the Position and the Characteristics of Passenger Car Powertrain Mounts[J]. International Journal of Vehicle Design,1990,11(1):87-89.

[72] 徐石安,肖德炳,郑乐宁,等. 发动机悬置的设计及其优化[J]. 汽车工程,1983(3):12-23.

[73] 严济宽,宋孔杰. 四端参数法在振动隔离中的应用[J]. 噪声与振动控制,1986(6):3-11.

[74] 严济宽,陈金福. 弹性支承任意布置的隔离体的自然频率[J]. 上海交通大学学报,1979(2):85-117.

[75] 严济宽,柴敏,陈小琳.振动隔离效果的评定[J].噪声与振动控制,1997(6):22-31.

[76] 严济宽.具有非刚性基座的机械装置减振设计[J].上海交通大学学报,1964(3):83-94.

[77] 陈继红,沈密群,严济宽.汽车发动机悬置系统的一些设计问题[J].噪声与振动控制,1999(1):5-11.

[78] 喻惠然,王长有,赵化民.CA6102型发动机悬置的研究[J].汽车技术,1992(1):18-24.

[79] 上官文斌,蒋学锋.发动机悬置系统的优化设计[J].汽车工程,1992(2):103-110.

[80] 徐石安.汽车发动机弹性支承隔振的解耦方法[J].汽车工程,1995,17(4):198-204.

[81] 阎红玉,徐石安.发动机悬置系统的能量法解耦及优化设计[J].汽车工程,1993,15(6):321-328.

[82] 史文库,林逸.发动机悬置支承在弹性基础上的隔振特性分析[J].汽车技术,1998(7):18-20.

[83] 沈彤,潘双夏,杨礼康.汽车发动机液压悬置研究方法探讨[J].汽车技术,2004(4):1.

[84] 王利荣,吕振华.汽车动力总成液阻型橡胶隔振器的研究发展[J].汽车工程,2001,23(5):323-329.

[85] 裘新,吕振华,林逸,等.轿车动力总成-液压悬置-副车架系统参数的优化设计[J].汽车技术,1998(7):1-5.

[86] 李杰.汽车动力总成橡胶悬置系统的固有特性和振动耦合特性分析[J].公路交通科技,1998,15(4):77-80.

[87] 秦民,林逸,马铁利.汽车液压悬置系统动态特性研究[J].汽车工程,2001,23(6):381-384.

[88] 许本文,焦群英.机械振动与模态分析基础[M].北京:机械工业出版社,1998.

[89] 孙求理,张洪欣.主动悬架的发展和技术现状[J].世界汽车,1996(5):4-6.

[90] KARNOPP D,CROSBY M J,HARWOOD R A. Vibration Control Using Semi-Active Force Generators[J].American Society of Mechanical Engineers,1974,96(2):619-626.

[91] 韩文涛,李磊,朱彤.基于线性最优控制理论的汽车主动悬架控制方法研究[J].机械科学与技术,2003(A1):55-59.

[92] 许昭,宋晓琳,殷智宏.基于SIMULINK的车辆主动悬架LQG控制仿真研究[J].专用汽车,2007(5):27-29.

[93] 李治国,金达锋,赵六奇,等.基于预测控制和频率成型性能指标的主动悬架控制策略研究[J].汽车工程,2002,24(5):426-430.

[94] 武云鹏,管继富,顾亮.车辆半主动悬架自适应预测控制[J].兵工学报,2011

（2）:242-246.

[95] 喻凡,郭孔辉.车辆悬架的最优自适应与自校正控制[J].汽车工程,1998(4): 193-200.

[96] 汪若尘,陈龙,江浩斌,等.模糊控制半主动悬架的试验研究[J].兰州理工大学学报, 2005:31(4):49-51.

[97] 雷海蓉.电控空气悬架模糊控制系统的开发[D].长春:吉林大学,2004.

[98] 郭大蕾.车辆悬架振动的神经网络半主动控制[D].南京:南京航空航天大学,2002.

[99] 汪若尘,陈龙,江浩斌,等.半主动悬架模糊动态建模与神经网络控制[J].江苏大学 学报:自然科学版,2009(1):23-26.

[100] 汪若尘,陈龙,江浩斌.时滞半主动悬架模糊神经网络控制[J].江苏大学学报:自然 科学版,2007,38(7):10-12.

[101] 管继富,顾亮,侯朝桢.车辆半主动悬架自适应LQG控制[J].系统仿真学报,2004, 16(10):2340-2343.

[102] 方敏,王峻,陈无畏.汽车半主动悬架的自适应LQG控制[J].汽车工程,1997 (4):200-205.

[103] 崔晓利,陈龙,李德超.基于神经网络的半主动悬架自适应模糊控制研究[J].中国 机械工程,2004(2):86-89.

[104] 王昊.整车悬架振动智能半主动控制研究[D].南京:南京航空航天大学,2006.

[105] 丁科,侯朝桢,罗莉.车辆主动悬架的神经网络模糊控制[J].汽车工程,2001 (5):340-343.

[106] 李以农,郑玲.汽车非线性半主动悬架的模糊神经网络控制[J].汽车工程,2004 (5):600-604.

[107] 金新灿,孙守光,陈光雄.基于实验频响函数刚体特性参数的计算及其应用[J].机 械工程学报,2005,41(3):206-210.

[108] ALMEIDA R A B, URGUEIRA A P V, MAIA N M M. Identification of rigid body properties from vibration measurements[J].Journal of Sound and Vibration,2007,299 (s4-5):884-899.

[109] 张志飞.摩托车及全地域车行驶动力学研究[D].重庆:重庆大学,2008.

[110] 洪嘉振.多体系统动力学理论、计算方法和应用[M].上海:上海交通大学出版 社,1992.

[111] 李智锋.汽车整车多体系统动力学仿真研究[D].上海:同济大学,2000.

[112] 李军,刑俊文.ADAMS实例教程[M].北京:北京理工大学出版社,2002.

[113] 范群.摩托车人—机系统刚柔耦合动态特性研究[D].重庆:重庆大学,2006.

[114] 林逸,陈欣.轿车悬架系统空间多体弹性系运动学研究[J].中国公路学报,2000,13 (3):122-124.

[115] 骆涛. 轿车悬架运动学及整车平顺性仿真[D].安徽:合肥工业大学,2008.

[116] 张永林. 用谐波叠加法重构随机道路不平顺高程的时域模型[J]. 农业工程学报,2003,19(6):32-35.

[117] 常志权,罗虹,褚志刚,等. 谐波叠加路面输入模型的建立及数字模拟[J]. 重庆大学学报,2004,27(12):5-8.

[118] 郑启福. 内燃机动力学[M]. 北京:国防工业出版社,1991.

[119] 丁学明. 模糊控制理论研究及其在移动式倒立摆中的应用[D]. 合肥:中国科技大学,2005.

[120] 刘曙光,魏俊民,竺志超. 模糊控制技术[M]. 北京:中国纺织出版社,2001.

[121] 张国良. 模糊控制及其 MATLAB 应用[M]. 西安:西安交通大学出版社,2002.

致　谢

整个研究内容得到了重庆大学汽车工程学院徐中明、贺岩松、张志飞等的大力帮助，并得到重庆建设摩托车股份有限公司国家级技术中心的大力支持，在此表示衷心的感谢！

另外，郭师峰、谭海伟、牟笑静等师兄弟们给予了我极大的支持、帮助和指导，在此致以深深的谢意。

向所有关心和帮助过我的朋友表示诚挚的谢意！

感谢亲人的理解和包容！

重庆工程职业技术学院　余　烽

2019 年 8 月